DÉPARTEMENT DE L'HÉRAULT

STATISTIQUE COMMENTÉE

DE

L'ENSEIGNEMENT PRIMAIRE

(1822-1890)

Suivie des Règlements scolaires actuellement en vigueur dans les écoles primaires et maternelles
publiques et des instructions relatives aux attributions des délégués cantonaux

PAR

Isidore PÉPIN

COMMIS D'INSPECTION ACADÉMIQUE

Sous le patronage de M. YON, Inspecteur d'Académie à Montpellier

(Ouvrage approuvé et subventionné par le Conseil Général de l'Hérault)

MONTPELLIER

CHEZ LES PRINCIPAUX LIBRAIRES

Et chez l'Auteur, Rue de la Cavalerie, 21

DÉPARTEMENT DE L'HÉRAULT

STATISTIQUE COMMENTÉE

DE

L'ENSEIGNEMENT PRIMAIRE

(1822-1890)

Suivie des Règlements scolaires actuellement en vigueur dans les écoles primaires et maternelles
publiques et des instructions relatives aux attributions des délégués cantonaux

PAR

Isidore PÉPIN

COMMIS D'INSPECTION ACADÉMIQUE

Sous le patronage de M. YON, Inspecteur d'Académie à Montpellier

(Ouvrage approuvé et subventionné par le Conseil Général de l'Hérault)

MONTPELLIER

RICARD FRÈRES, IMPRIMEURS DE LA PRÉFECTURE, RUE COLLOT, 9

1893.

En vente chez l'Auteur, Rue de la Cavalerie, 21, à Montpellier

PRÉFACE

La Société Languedocienne de Géographie, qui publie actuellement la *Géographie générale du département de l'Hérault,* avait demandé à l'Inspection Académique un travail statistique sur le développement de l'enseignement primaire depuis 1822. M. l'Inspecteur d'Académie voulut bien nous en charger; mais nous avons pensé que ce travail devait être élargi et qu'il y avait avantage, pour mettre bien en relief l'œuvre scolaire accomplie dans notre département, à faire sur ce sujet une petite publication spéciale. Le département de l'Hérault est, en effet, un de ceux où l'enseignement primaire donne actuellement le plus de résultats. Un exposé succinct et à peu près exclusivement numérique ne pouvait pas suffire pour montrer clairement les transformations successives que cet enseignement a subies, ni les crises qu'il a traversées.

Ce n'est pas sans quelque appréhension que nous avons envisagé notre tâche. Nous aurions hésité à l'entreprendre, si nous n'avions été sûr de pouvoir compter sur les encouragements de M. l'Inspecteur d'Académie.

Certain de cet appui, nous nous sommes mis à l'œuvre : nous avons fouillé les Archives de la Préfecture, revu celles de l'Inspection Académique et consulté tous les documents susceptibles de nous faire apprécier l'état de l'enseignement primaire aux diverses époques de la période sur laquelle portait notre étude. Nous n'avons pas limité là nos recherches. Nous avons voulu nous renseigner auprès des Instituteurs âgés ; ils nous ont fourni des indications très utiles et ont pu nous communiquer parfois des pièces fort curieuses.

Mais nous avons cru devoir exclure de notre travail tout ce qui n'était pas d'ordre général et qui ne permettait d'apprécier que des situations particulières ou locales. Sans cela, beaucoup de documents auraient pu y trouver place avec intérêt. Notre œuvre y eût gagné en étendue, mais elle y aurait certainement perdu en clarté, surtout au point de vue des situations d'ensemble que nous avions à signaler.

Il y a malheureusement une lacune dans notre travail : malgré nos recherches, nous n'avons pu mettre la main sur aucune pièce qui permît de donner, par des nombres, la situation générale de l'enseignement primaire entre 1822 et 1840. Les statistiques très rares que nous avons trouvées sont toutes tronquées ou partielles; elles ne permettent de faire aucune comparaison. Nous avons dû, pour cette période, nous abstenir de citer des chiffres et nous borner à exposer rapidement l'état des écoles et du personnel, tel que nous l'ont montré nos recherches.

Un travail de statistique est toujours aride et difficile à rendre intéressant au lecteur.

On ne nous en voudra donc pas trop des imperfections de la forme qu'on pourrait y remarquer. Nous avons fait, dans tous les cas, notre possible pour éviter qu'il fût trop ennuyeux.

I. PÉPIN.

PREMIÈRE PARTIE.

L'ENSEIGNEMENT PRIMAIRE AVANT 1870.

I. — Les écoles et les Instituteurs avant 1833.

D'après la Statistique de M. Creuzé de Lesser, l'enseignement primaire, en 1822, était donné dans le département de l'Hérault, dont la population était alors de 324,126 habitants, par 472 maîtres, parmi lesquels 17 appartenaient à l'Institut des Frères des écoles chrétiennes.

Le nombre total des élèves était de 12,004 (1,685 gratuits et et 10,319 payants).

Il n'est pas question des Institutrices dans cette statistique. C'est qu'à cette époque l'enseignement des jeunes filles ne comptait pas ou à peu près. Les communes rurales qui possédaient une école de filles — et quelle école! — étaient fort rares. Pour être Institutrice, il ne fallait pas du reste une bien grande instruction. Il suffisait de savoir lire, écrire et compter. Mais comme en dehors des villes très peu de femmes réunissaient ces trois conditions, il n'était pas facile de trouver, pour les villages, des Institutrices, auxquelles d'ailleurs on n'offrait généralement qu'une rétribution dérisoire.

L'enseignement primaire avant 1833, était, dans l'Hérault comme dans le reste de la France, placé sous le bon vouloir des pères de famille et des Municipalités. L'action de l'État était presque nulle malgré les Décrets de la Convention et de l'Empire, et les Ordonnances de la Restauration.

Il n'y avait guère que les grandes communes qui eussent des écoles proprement dites avec un local distinct et des maîtres à poste fixe. Dans beaucoup de petites localités, l'enseignement était donné par des Instituteurs ambulants, qui allaient offrir leurs services de village en village et qui restaient généralement très peu de temps dans chacun d'eux. Le maître d'école classique, que les auteurs contemporains ont dépeint si souvent en le chargeant toutefois quelque peu, n'était pas rare dans le département de l'Hérault.

La rétribution que les maîtres touchaient, toujours insuffisante, était le plus souvent en nature. Il faut dire que les ressources des Instituteurs ne se réduisaient pas à la rétribution des familles et aux allocations très maigres que quelques communes votaient pour l'instruction des indigents. Presque tous étaient chantres, certains Secrétaires de Mairie, beaucoup exerçaient une profession manuelle. Ils trouvaient ainsi dans des occupations supplémentaires le complément de ressources sans lequel il leur eût été absolument impossible de vivre.

L'Instituteur se bornait habituellement à apprendre à lire, écrire et compter. Parfois il complétait son enseignement par quelques leçons de plain-chant.

L'installation matérielle de l'école, dans la plupart des communes rurales, était des plus simples : une salle quelconque, souvent exiguë, humide, mal éclairée et mal aérée, un banc, rarement une table, quelques livres et c'était tout. Certains maîtres ne disposaient même que d'un seul livre, l'Ancien Testament. Ce livre unique tenait lieu d'alphabet, de syllabaire et de livre de lecture courante.

Avec de pareils éléments, il eût été bien difficile d'obtenir, même avec des maîtres les mieux doués sous le rapport de l'aptitude et du savoir, des résultats satisfaisants, et on s'explique l'état précaire dans lequel se trouvait alors l'enseignement primaire.

Cependant on commençait partout à apprécier les avantages de l'instruction. Un mouvement d'opinion très accentué se produisait en faveur de l'organisation légale d'un enseignement élémentaire.

Devant ce mouvement général, les pouvoirs publics ne pouvaient pas rester indifférents.

La Loi du 28 Juin 1833, à laquelle M. Guizot a attaché son nom, vint régulariser l'enseignement primaire et lui donner en quelque sorte son état-civil. Cette loi très libérale contenait, comme dispositions essentielles, l'obligation pour toute commune d'entretenir une école, soit par elle-même, soit en se réunissant en une ou plusieurs communes voisines, et de fournir à l'Instituteur avec un traitement fixe qui ne pouvait pas être inférieur à 200 fr., un local convenable et disposé tant pour lui servir d'habitation que pour recevoir les élèves. De plus, chaque département était tenu d'avoir une École Normale ou de se réunir aux départements voisins pour entretenir un de ces établissements. La Loi Guizot prévoyait, en outre, l'organisation d'un enseignement primaire supérieur.

II. — Effets de la Loi du 28 Juin 1833.

L'influence de cette loi sur le développement de l'instruction primaire dans l'Hérault fut considérable.

Quelques années après l'École Normale d'Instituteurs était fondée et les communes se mettaient en mesure de remplir les obligations imposées par la loi. En même temps s'ouvraient un grand nombre d'écoles privées ainsi que quelques salles d'asile dans les centres importants.

Les Comités d'arrondissement secondaient de leur mieux l'action de la loi. Le règlement scolaire suivant, préparé par le Comité de Montpellier, témoigne du zèle et de la compétence de ces Assemblées :

Extrait du Registre des Délibérations du Conseil Royal de l'Instruction publique.

Procès-Verbal de la séance du 15 Avril 1836.

» LE CONSEIL ROYAL DE L'INSTRUCTION PUBLIQUE ;

» Sur le rapport de M. le Conseiller chargé des écoles primaires ;

» Vu la loi du 28 juin 1833, sur l'instruction primaire ;

» Vu le statut général du 25 avril 1834, sur les écoles primaires élémentaires ;

» Vu le projet de règlement proposé par le Comité d'arrondissement de Montpellier, pour les écoles primaires élémentaires communales de cet arrondissement ;

» Arrête ainsi qu'il suit le règlement particulier desdites écoles.

TITRE PREMIER.
DES ÉTUDES.

» 1. Dans toute école primaire élémentaire, l'enseignement public comprendra nécessairement :

» L'instruction morale et religieuse ,

» La lecture ,

» L'écriture ,

» Les éléments du calcul ,

» Les éléments de la langue française,

» Et le système légal des poids et mesures.

» Des notions de géographie et d'histoire, et surtout de la géographie et de l'histoire de la France , pourront en outre y être données aux élèves les plus avancés.

» Le dessin linéaire et le chant pourront également y être enseignés.

» 2. Pour être admis dans une école élémentaire, il faudra être âgé de six ans au moins et de treize ans au plus. Toutefois, dans les communes où il n'existerait point de salles d'asile ou premières écoles de l'enfance , le Comité local pourra autoriser l'admission d'enfants âgés de moins de six ans. L'admission d'enfants âgés de plus de treize ans pourra de même être autorisée dans les communes où il n'y aurait point de classes d'adultes.

» 3. Toute école élémentaire sera, autant que possible, partagée en trois divisions principales, à raison de l'âge des élèves et des objets d'enseignement dont ils seront occupés.

» 4. Dans toutes les divisions, l'instruction morale et religieuse tiendra le premier rang. Des prières commenceront et termineront toutes les classes. Des versets de l'écriture sainte seront appris tous les jours. Tous les samedis , l'évangile du dimanche suivant sera récité. Les dimanches et fêtes conservées, les élèves seront conduits aux offices divins. Les livres de lecture courante, les exemples d'écriture , les discours et les exhortations de l'instituteur, tendront constamment à faire pénétrer dans l'âme des élèves les sentiments et les principes qui sont la sauvegarde des bonnes mœurs , et qui sont propres à inspirer la crainte et l'amour de Dieu.

» Lorsque les écoles seront fréquentées par des enfants appartenant à divers cultes reconnus par la loi , il sera pris des mesures particulières pour que tous les élèves puissent recevoir l'instruction religieuse que leurs parents voudront leur faire donner.

» 5. Indépendamment de lectures pieuses, faites à haute voix, les élèves de la première division seront particulièrement exercés à la récitation des prières. On leur enseignera en même temps la lecture, l'écriture et les premières notions du calcul verbal.

» 6. L'instruction morale et religieuse des élèves de la deuxième division consistera dans l'étude de l'Histoire sainte, Ancien et Nouveau Testament. Les enfants continueront les exercices de lecture, d'écriture et du calcul verbal. On leur enseignera le calcul par écrit et la grammaire française.

» 7. Ceux de la troisième étudieront spécialement la doctrine chrétienne. Ils continueront les exercices de lecture , d'écriture, de calcul et de langue française ; ils recevront, en outre, des notions élémentaires de géographie et d'histoire générales, et surtout de la géographie et de l'histoire de la France. L'enseignement du chant et du dessin linéaire, lorsqu'il aura lieu, sera donné de préférence dans cette division.

» 8. Les diverses connaissances énumérées dans les précédents articles seront enseignées aux différentes divisions d'une manière graduelle, conformément au tableau ci-après :

	1re DIVISION.	2me DIVISION.	3me DIVISION.
Instruction morale et religieuse.....	Prières et lectures pieuses.	Histoire sainte.	Doctrine chrétienne.
Lecture.............	(Cet exercice comprendra successivement l'alphabet et le syllabaire, la lecture courante, la lecture des manuscrits et du latin.)		
Écriture......	(Cet exercice aura lieu successivement sur l'ardoise, sur le tableau noir et sur le papier, en fin et en gros, dans les trois genres d'écriture, bâtarde, ronde et cursive.)		
Calcul...	Calcul verbal	Numération écrite et les 4 premières règles de l'arithmétique.	Fractions ordinaires et fractions décimales. Système légal des poids et mesures
Langue française ..	Prononciation correcte. Exercices de mémoire.	Grammaire française. Dictée pour l'orthographe.	Règles de la syntaxe. Analyse grammaticale et logique. Compositions.
Géographie et Histoire			Géographie et Histoire générale. — Géographie et Histoire de France.
Dessin linéaire.....			Dessin linéaire.
Chant...			Chant

» 9. Les livres dont l'usage aura été autorisé pour les écoles primaires, seront seuls admis dans ces écoles.

» Le maître veillera à ce que les élèves de la même division aient tous les mêmes livres.

» 10. Les deuxième et troisième divisions composeront une fois par semaine ; les places seront données dans le courant de la semaine, et les listes des places seront affichées dans la classe ; elles seront représentées chaque fois qu'un membre des Comités ou un Inspecteur viendra visiter l'école.

» 11. Dans toute division, il y aura tous les jours, excepté le dimanche et le jeudi, deux classes de trois heures chacune, aux heures fixées par le Comité local.

» 12. Il y aura dans toute école, au moins un grand tableau noir sur lequel les élèves s'exerceront à écrire, à calculer ou à dessiner.

» Sur une portion du mur approprié à cet effet, ou sur des tableaux mobiles, seront tracées les mesures usuelles, la table de multiplication, la carte de France, la topographie du canton.

» 13. Tous les élèves seront tenus de suivre toutes les parties de l'enseignement de leurs divisions respectives.

» 14. Pour toutes les leçons d'instruction morale et religieuse, de langue française, d'arithmétique, de géographie et d'histoire, les élèves de la troisième division feront des extraits qu'ils remettront à l'Instituteur, et que celui-ci communiquera au Comité local.

» 15. Tous les samedis, les élèves réciteront ce qu'ils auront appris dans la semaine. Le maître se fera aider par un certain nombre d'élèves qu'il aura désignés, et qui feront répéter chacun cinq ou six autres élèves.

» 16. Tous les trois mois, l'Instituteur remettra au Comité local un résumé sur l'état de l'instruction dans l'école pendant le dernier trimestre.

» 17. Il y aura, deux fois par an, un examen général, en présence des membres du Comité local, auxquels le Comité d'arrondissement pourra adjoindre un de ses membres ou un délégué. A la suite de cet examen, il sera dressé une liste où les noms de tous les élèves seront inscrits par ordre de mérite, et qui restera affichée dans la salle de l'école. Le jugement des examinateurs sur chaque école sera communiqué au Comité d'arrondissement.

» Les mêmes examens, combinés avec les notes du maître, serviront à déterminer quels sont ceux des élèves qui doivent passer dans une division supérieure et ceux qui doivent être retenus dans la même division.

» Nul élève ne sera admis dans une division supérieure, s'il n'a prouvé, par le résultat d'un examen subi devant le Comité local, qu'il possède suffisamment tout ce qui est enseigné dans la division inférieure.

» 18. D'après le résultat du second examen, qui aura lieu à la fin de chaque année scolaire, il sera dressé une liste particulière des élèves qui termineront leurs cours d'études primaires, et il sera délivré à chacun d'eux, un certificat sur lequel le jugement des examinateurs, pour chaque objet d'enseignement, sera indiqué par l'un de ces mots : *très bien*, *bien*, *assez bien*, ou *mal*.

» Ce certificat sera consigné sur un registre à souche, qui restera déposé aux archives du Comité local.

TITRE II.
DE LA DISCIPLINE.

» 19. Nul élève ne sera admis, s'il ne justifie qu'il a eu la petite vérole ou qu'il a été vacciné.

» 20. Les élèves admis recevront du Président du Comité communal, une carte qu'ils seront tenus de représenter en arrivant à l'école.

» 21. Le Comité local veillera à ce que l'Instituteur ne reçoive pas un plus grand nombre d'enfants que n'en comportent les dimensions de la salle d'école, à raison d'un carré d'environ huit décimètres de côté pour chaque élève.

» 22. Le maître tiendra des listes journalières de présence qu'il déposera tous les mois au Comité local, à l'appui du résumé qu'il est tenu de fournir, aux termes de l'article 17.

» 23. Si un élève manque de se rendre à la classe, le maître en prendra note, et il en donnera avis aux parents le plus tôt qu'il sera possible.

» 24. L'Instituteur tiendra un registre où la conduite et le travail des élèves seront exactement notés, et qui sera communiqué au Comité local, aux membres et aux délégués du Comité d'arrondissement.

» 25. L'usage du patois est interdit dans les écoles de l'arrondissement.

» L'Instituteur veillera, avec le plus grand soin, à ce que les élèves contractent des habitudes d'ordre, de propreté, de politesse et de bienveillance mutuelle.

» 26. La table du Maître sera placée sur une estrade assez élevée pour qu'il puisse voir facilement tous les élèves.

» 27. Les livres, les cahiers et les modèles qui resteront déposés à l'école devront être mis en place, et les plumes ou les crayons taillés avant l'entrée des élèves.

» La classe sera ouverte un quart d'heure avant le moment fixé par le Comité, afin que les élèves arrivés avant ce moment ne s'arrêtent pas dans la rue.

» 28. Les récompenses seront : un ou plusieurs bons points, un billet de satisfaction, une place au banc d'honneur et des prix à la fin de l'année, si la commune a alloué des fonds ou s'il existe d'autres ressources pour cet objet.

» 29. Les élèves ne pourront jamais être frappés.

» Les seules punitions dont l'emploi est autorisé sont les suivantes :

» Un ou plusieurs mauvais points ;

» La réprimande ;

» Une place au banc des mauvais élèves ;

» La privation de tout ou partie des récréations, avec une tâche extraordinaire ;

» L'obligation de porter un écriteau désignant la nature de la faute ;

» Le renvoi provisoire de l'école.

» 30. Lorsque la présence d'un élève sera reconnue dangereuse, il pourra être exclu de l'école, ou même de toutes les écoles du ressort du Comité d'arrondissement.

» L'exclusion de l'école pourra être prononcée par le Comité local, sur la proposition de l'Instituteur, qui pourra en appeler au Comité d'arrondissement, si la proposition n'est pas admise.

» L'élève exclu d'une ou plusieurs écoles, ne pourra être admis dans ces établissements que d'après l'autorisation du Comité qui aura prononcé son exclusion, le maître préalablement entendu.

» Le Comité d'arrondissement pourra seul prononcer l'exclusion de toutes les écoles de son ressort.

» 31. Les classes auront lieu toute l'année, excepté les jours de congé et le temps des vacances.

» Les jours de congé seront les dimanches, les jeudis, et les jours de fêtes conservées : — le premier jour de l'an ; — les jours de fêtes Nationales ; — le jour de la fête du Roi ; — les Jeudi, Vendredi et Samedi Saints ; — les Lundi de Pâques et de la Pentecôte.

» Lorsque, dans la semaine, il se rencontrera un jour férié autre que le jeudi, le jeudi redeviendra un jour de travail ordinaire.

» 32. Les vacances seront réglées par chaque Comité d'arrondissement pour toutes les écoles de son ressort ; il pourra les diviser en plusieurs parties, pour les communes rurales, selon les principaux travaux de la campagne, mais sans que la totalité excède six semaines.

» 33. Les dispositions qui précèdent seront communes aux écoles de garçons et aux écoles de filles ; les filles seront, en outre, exercées aux travaux de leur sexe.

» 34. Lorsqu'il n'existera pas d'écoles distinctes pour les enfants des deux sexes, le Comité local prendra les mesures nécessaires pour qu'ils soient séparés dans tous les exercices et pour éviter qu'ils entrent et sortent en même temps. »

Le Conseiller Vice-Président,
Signé : VILLEMAIN.

Le Conseiller exerçant les fonctions de Secrétaire,
Signé : V. COUSIN.

Approuvé conformément à l'article 21 de l'ordonnance royale du 26 mars 1829.

Le Ministre de l'Instruction publique,
Signé : PELET.

Pour ampliation :
Pour le Ministre et par délégation :
Le Maître des requêtes, chef de la division du secrétariat,
A. GÉNIE.

Certifié véritable :

Le Préfet de l'Hérault, Président du Comité d'instruction primaire de l'arrondissement de Montpellier,
J^H FLORET.

Pour expédition :
Le Secrétaire du Comité,
E. THOMAS.

———

En 1840, sept ans après la Loi du 28 Juin 1833, le département comptait 396 écoles communales et 427 écoles privées. Ces écoles étaient fréquentées par 38.000 enfants, dont 23.000 garçons et 15.000 filles. Parmi les garçons, il y avait 13.000 gratuits et 10.000 payants, et parmi les filles, 10.000 payantes et 5.000 gratuites. On comptait en outre, 18 salles d'asile recevant gratuitement 2.060 enfants des deux sexes, et 4 classes d'adultes avec 600 élèves.

65 Communes possédaient des maisons d'école, avec logement pour les maîtres. L'État et le Département prêtaient leur concours pour la construction, l'acquisition ou l'appropriation des immeubles scolaires. Dans le courant de l'année 1840, l'État fournit 12,850 fr. de subvention pour cet objet et le Département, 9.000.

M. le Préfet, dans son Rapport au Conseil Général, constatait en 1841, que l'enseignement primaire de jeunes filles, malgré l'absence d'une loi spéciale sur cet enseignement, se développait d'une manière très sensible. Il constatait aussi que l'École Normale d'Instituteurs marchait bien, rendait de réels services et avait déjà permis de doter bon nombre de communes de maîtres capables.

L'enseignement primaire élémentaire était en bonne voie.

Mais l'enseignement primaire supérieur n'avait pas réussi. Les quelques tentatives faites de 1833 à 1840 pour l'organiser, avaient échoué partout, sauf à Montpellier, où fonctionnait une école primaire supérieure municipale.

Le développement pris par l'enseignement primaire ne fait que s'accentuer dans les années suivantes. Les écoles de filles se multiplient et, en 1846, l'École Normale d'Institutrices est créée et confiée aux Dames de Nevers.

Néanmoins, la situation de l'Instituteur, au point de vue de ses revenus, restait toujours précaire. Les rapports officiels établissent qu'un certain nombre d'entre eux touchaient moins de 300 fr. (traitement fixe et rétribution scolaire). En 1848, 75 Instituteurs avaient un traitement inférieur à 400 fr. et 18 un traitement qui n'atteignait pas 300 fr.

M. Guizot voulait voir les Instituteurs considérés, mais pauvres. Dans l'Hérault, si ses désirs n'avaient pu encore être réalisés sur le premier point, ils l'étaient amplement et depuis longtemps sur le second.

Cette insuffisance du traitement des maîtres avait empêché plusieurs petites communes de se conformer aux prescriptions de la loi. Ces communes ayant une très faible population, les élèves devaient nécessairement y être fort peu nombreux et la rétribution scolaire insignifiante. M. le Préfet reconnaissait d'ailleurs qu'il était impossible qu'un Instituteur pût s'y établir « *étant assuré d'avance de manquer du nécessaire* (1). »

22 Communes en 1848 manquaient d'Instituteur. L'année d'après, les 16 localités suivantes étaient encore dépourvues d'école publique: Buzignargues, St-Mathieu-de-Tréviers, Lattes, Saussines, Cazevieille, Le Pradal, Margon, Lieuran-Cabrières, Paulhan, Valmascle, Aumelas, St-Martin-de-Combes, Mérifons, Puilacher. Assignan et Villespassans. Toutefois, six d'entre ces communes, les plus populeuses, possédaient une école privée.

(1) Rapport annexé au Projet de Budget du dépt. pour l'Ex. 1850.

III. — Situation de l'enseignement primaire en 1849.

Nonobstant de nombreuses lacunes, qu'on était loin de 1822 ! Il suffit de jeter un coup d'œil sur les chiffres suivants, qui résument la situation de l'enseignement primaire en 1849, pour apprécier le chemin parcouru :

		Pour les garçons.	Pour les filles.	Mixtes.	Total.
Nombre des écoles	Communales.	263	121	96	480
	Privées.....	194	393	»	587
	Totaux....	457	514	96	1.067

Nombre des élèves.	Garçons.....	20.338	{ 14,306 pour les éc. publiq.
	Filles... ...	17.183	6,032 — privées.

Nombre d'Instituteurs.	Laïques................	557	576
	Congréganistes..........	19	

Nombre d'Institutrices.	Laïques..............	389	514
	Congréganistes..........	125	

Répartition des écoles relativem' au culte		Éc. de garçons et éc. mixtes quant au sexe.	Écoles de filles.
	Catholiques........	519	491
	Protestantes	19	18
	Mixtes............	15	5
	Totaux...........	553	514

Si l'on tient compte de 33 salles d'asile, dont 22 communales et 11 privées, fréquentées par 5,000 enfants, on trouve, en 1849, 1,100 écoles avec 42,521 élèves.

Les Municipalités ne mettent pas encore beaucoup d'empressement à améliorer l'installation matérielle des écoles. Il est juste de reconnaître cependant que déjà 173 maisons d'école appartiennent aux communes ; mais ces maisons sont loin d'être toutes en bon état. Sur ces 173 bâtiments scolaires, 111 seulement sont acceptables, 41 ont absolument besoin d'être réparés ou agrandis et 21 doivent être abandonnés comme dangereux.

Le mobilier est presque partout incomplet ou en mauvais état. Ce n'est pas avec un crédit de 600 fr. que le Conseil Général vote pour cet objet qu'on peut, sans le concours des communes, l'améliorer sensiblement.

L'échec des premiers efforts pour organiser l'enseignement primaire supérieur dans le département n'avait pas refroidi les bonnes volontés. On comptait en 1849, 10 écoles primaires supérieures, 9 publiques et 1 privée; mais ces écoles, à l'exception de celles de Montpellier et de Béziers, étaient des classes élémentaires annexées à des Collèges communaux, et donnaient en général des résultats peu satisfaisants. Elles allaient toutes disparaître, au moins légalement, avec la Loi du 15 Mars 1850, pour ne revivre d'une manière officielle qu'en 1880.

Les classes d'adultes ne paraissent pas non plus à ce moment bien prospères. La statistique administrative établit, qu'à part celles de Béziers et de Montpellier, « *elles ne sont presque pas fréquentées.* » *Ces dernières même, d'abord encombrées de curieux au commencement de l'année, sont presque désertes à la fin.* »

L'année 1848 avait apporté une amélioration dans la situation pécuniaire du personnel des écoles publiques. L'Assemblée Nationale (1), pleine de bienveillance envers l'enseignement primaire, venait de décider que le traitement des Instituteurs ne pourrait pas

---

(1) Voici la lettre que l'Inspecteur départemental des Écoles primaires adressa aux Instituteurs, au sujet de la proclamation de la République :

RÉPUBLIQUE FRANÇAISE.

UNIVERSITÉ DE FRANCE.

Académie de Montpellier.

M.

M. le Ministre provisoire de l'Instruction publique écrit à M. le Recteur que tous les établissements universitaires doivent s'associer à la manifestation de joie et d'espérance, que la proclamation de la République a fait éclater dans toute la France, et que deux jours de congé doivent être donnés aux élèves.

C'est surtout dans les écoles du peuple que cette ère nouvelle doit être accueillie avec enthousiasme.

Je vous invite en conséquence, à communiquer ma lettre à vos élèves et à leur donner congé les Lundi 6 et Mardi 7 Mars.

Recevez, Monsieur, l'assurance de ma considération distinguée.

Montpellier, le 29 Février 1848.

L'Inspecteur des Écoles,
E. GRAND.

être inférieur à 600 fr.. et celui des Institutrices moindre de 400. Elle votait en même temps les sommes nécessaires pour assurer l'exécution de cette décision.

M. le Préfet, en signalant le vote de l'Assemblée Nationale au Conseil Général, faisait connaître que cette libéralité permettrait de donner un Instituteur aux communes qui n'en avaient pas encore.

Ce vote fut accueilli avec enthousiasme par le personnel enseignant. M. l'Inspecteur des Écoles du département n'avait pas manqué de le rappeler aux Maires pour les intéresser à la cause de l'instruction populaire.

Il leur adressait la circulaire suivante à la date du 10 Août 1849 :

CITOYEN MAIRE,

Au moment où l'Assemblée Nationale, après avoir alloué par un vote libéral la somme de 995 mille francs, pour augmentation du traitement fixe des Instituteurs communaux pendant le 2ᵐᵉ semestre 1848, et celle de 105 mille francs pour encouragement aux Institutrices, va s'occuper de la discussion du projet de décret relatif à l'Instruction primaire, il est de la plus haute importance que tous les documents nécessaires sur l'état actuel de cette instruction soient recueillis avec soin dans toutes les communes de France.

Chargé par M. le Ministre de l'inspection des écoles du département de l'Hérault, il m'est indispensable de réunir promptement, et avant la réunion du Conseil Général, ces précieux renseignements, afin de pouvoir faire un rapport exact et détaillé sur la situation réelle de tous les établissements primaires du pays.

Le temps qui doit s'écouler d'ici à la prochaine session ne me permettant pas de visiter moi-même toutes les communes, ce que cependant je compte faire incessamment pour m'assurer de l'état des choses, j'ai pensé que, dans cette circonstance, je ne pouvais m'adresser à personne mieux qu'à vous, Citoyen Maire, persuadé que vous n'hésiterez pas à donner à la République cette nouvelle preuve de zèle et de dévouement.

Pour faciliter le travail et en assurer l'uniformité, j'ai fait rédiger les trois cadres que j'ai l'honneur de vous adresser. Les deux premiers pourront être remplis par les Instituteurs eux-mêmes, le troisième le sera par les Membres réunis du Comité local, et à leur défaut, par vous-même, Citoyen Maire.

J'accueillerai avec la plus vive reconnaissance tous autres renseignements que vous croirez devoir me donner, dans l'intérêt du service, et je m'empresserai de soumettre à l'Administration académique et préfectorale les réclamations de toute nature relatives à l'enseignement primaire qui me seront adressées, afin de la mettre à même d'y faire droit dans le plus bref délai possible.

2

Je vous prie de vouloir bien me renvoyer ces différents états, remplis avec la plus scrupuleuse exactitude, avant le 10 Septembre prochain.

Salut et Fraternité :

L'Inspecteur des Écoles du département de l'Hérault,
Officier d'Académie,

Horace de BRAUX.

Montpellier, le 10 Août 1848.

L'amélioration dont nous venons de parler était surtout sensible pour les Instituteurs ; mais la situation des Institutrices n'en restait pas moins instable. Aucune loi n'imposant aux communes l'entretien d'une école de filles, un simple caprice de la Municipalité pouvait faire disparaître l'école et laisser l'Institutrice sans emploi. Cette situation précaire avait attiré l'attention de l'Administration départementale qui, dans son Rapport au Conseil Général, s'exprimait en ces termes : « *Dans l'intérêt de l'instruction des filles, il serait* » *à désirer qu'une loi assimilât les écoles communales de filles* » *à celles des garçons en rendant la dépense obligatoire* ».

Il devait s'écouler encore 18 ans avant la réalisation de ce vœu.

Le Conseil Général, pour parer autant que possible à l'insuffisance de la loi sur ce point, inscrivait à son Budget un crédit de 2,000 fr., destiné à venir en aide aux Institutrices communales dont l'école viendrait à être brusquement supprimée.

Puisqu'il est question du Budget de l'Instruction primaire du département, il n'est peut-être pas sans intérêt de signaler quelques articles que contient celui de 1849.

Subvention pour achat et renouvellement du matériel et du mobilier des écoles...................... 600'

Subvention aux communes pour acquisition, construction et réparation des maisons d'école.............. 8.000

Encouragement aux postulantes à la direction des salles d'asile ainsi qu'aux directrices de ces établissements.... 600

Subvention pour l'établissement et l'entretien des salles d'asile....................... .... 1.000

Secours aux Instituteurs et Institutrices pauvres..... 1.500

Malgré toute la sollicitude que le Gouvernement et le Conseil Général montrent en faveur des écoles et du personnel, les émoluments des Instituteurs publics restent inférieurs à ceux des Instituteurs privés. Le revenu moyen des premiers n'est que de 614 fr. 27 c., tandis que pour les seconds, il s'élève à 788 fr. 93 c.

IV. — Effets immédiats de la Loi du 15 Mars 1850.

Dans les premières années qui suivent la Loi du 15 Mars 1850, l'enseignement primaire public dans l'Hérault subit un temps d'arrêt dans son développement.

En 1852, pour une population totale de 389.286 habitants, l'effectif scolaire de toutes les écoles (primaires et maternelles) n'atteint que le chiffre de 39.503 élèves (21.323 garçons et 18.180 filles); 22.782 enfants des deux sexes ne reçoivent aucune instruction.

Tandis que les écoles publiques semblent être en décadence, les écoles libres deviennent plus nombreuses. Pendant les années 1850 et 1851, 150 écoles privées nouvelles (1) s'ouvrent dans le département. Le Rapport annuel adressé par le Préfet au Conseil Général (1852), attribue le développement de l'enseignement libre aux deux causes suivantes : « D'une part, les idées d'indépendance ont surgi dans » l'esprit des Instituteurs ; ils ont voulu échapper à cette surveillance » si directe et aux attributions sévères que la Loi du 15 Mars a » conférées aux Recteurs sur les Instituteurs publics ; d'autre part, » les divisions qui existent dans un si grand nombre de communes » rurales ont inspiré à chaque parti le désir d'avoir un Instituteur » particulier ».

Le même document fait connaitre que « sous le rapport moral, le » personnel de l'enseignement primaire public, mais surtout de » l'enseignement libre, laisse bien à désirer, si on le juge par le » nombre et la gravité des condamnations prononcées par la Com- » mission mixte de l'Hérault, par le Conseil académique et par le » Recteur pendant l'année écoulée ».

Les condamnations, en effet, ainsi que les peines disciplinaires, avaient été fort nombreuses pendant l'année scolaire 1851-1852.

Instituteurs libres.

Condamnés par la Commission mixte à la déportation.....	6
Condamnés par la Commission mixte à l'internement......	1
Condamnés à l'interdiction absolue par le Conseil académique.	8
Suspendus par le Conseil académique.................	1
Réprimandés par le Conseil académique..............	2

---

(1) La plupart de ces écoles n'eurent qu'une existence éphémère. Elles disparurent très peu de temps après leur ouverture.

Instituteurs publics.

Condamnés à l'interdiction absolue d'enseigner par le Conseil
académique   1
Révoqués par le Recteur   18
Suspendus par le Recteur   4

Institutrices libres.

Condamnées à l'interdiction absolue par le Conseil acadé-
mique   1

Institutrices publiques.

Condamnées à l'interdiction absolue par le Conseil acadé-
mique   1
Révoquées par le Recteur   1
Suspendues par le Recteur   1

La date seule explique cette situation : on comprend de quelle
nature étaient les fautes reprochées aux Instituteurs et aux Institutrices.

L'Administration ne se gênait pas d'ailleurs pour faire connaître
au personnel qu'il devait faire de la politique, mais de la politique
officielle. Nous avons pu voir à ce sujet quelques documents curieux.
Pour l'édification des lecteurs, nous donnons copie d'une circulaire,
envoyée à la fin de 1851, à tous les Instituteurs publics.

MONSIEUR L'INSTITUTEUR,

J'ai l'honneur de vous recommander expressément de prendre part
aux élections qui vont avoir lieu pour le renouvellement des Conseils
municipaux, du Conseil Général et des Conseils d'Arrondissement.
C'est pour vous une obligation dont il ne vous est pas permis de vous
affranchir sans manquer à vos devoirs, et comme citoyen, et comme
fonctionnaire public.

Pour le Conseil Général, le candidat du Gouvernement est dans votre
canton Monsieur Bon HUC (1).

Pour le Conseil d'Arrondissement, le Gouvernement appuie la candi-
dature de Messieurs AUGÉ, MARQUÈS et Pierre REYNES.

Recevez l'assurance de ma considération.

Le Recteur,
A. GODRON.

_____

(1) Il s'agit du canton de Gignac. Il va sans dire que pour les autres cantons
la circulaire était absolument conforme. Les noms des candidats seuls, inscrits
à la main, changeaient.

Le nombre des écoles publiques de garçons, y compris les écoles mixtes, qui était de 359 en 1849 tombait à 341 en 1855, et celui des écoles communales de filles de 121 à 107.

Les écoles privées sont également moins nombreuses (pour les filles : 369 au lieu de 393 — pour les garçons ; 159 au lieu de 194).

Seules, les salles d'asiles ont augmenté. On en compte 49 au lieu de 33.

Les cours d'adultes sont également plus nombreux.

Dans l'ensemble, le nombre total des établissements d'enseignement primaire se trouve réduit, et cette diminution dans le nombre des écoles amène aussi une diminution dans le nombre des élèves.

Les écoles primaires et maternelles avaient à elles seules, en 1849, 42,521 élèves. En 1855, même en comptant l'effectif des classes d'adultes on ne trouve que 41,802 élèves. La diminution de l'effectif scolaire est surtout sensible pour les écoles publiques.

Cette situation s'aggrave encore en 1856. On peut en juger par le tableau ci-dessous :

	En 1855.	En 1856.
Écoles publiques de garçons et écoles mixtes..	341	332
Écoles publiques de filles	107	102
Écoles publiques d'adultes pour les garçons...	10	3
Id. les filles	1	2
Salles d'asile publiques	27	27
Écoles libres de garçons	159	147
Id. de filles	369	363
Écoles libres d'adultes pour les garçons	31	51
Salles d'asile libres	22	28
Totaux	1.067	1.055

Les écoles mixtes qui n'avaient jamais été bien en faveur, tendaient à être supprimées. On ne les maintenait que comme un pis-aller, car il était difficile d'avoir des écoles d'une autre sorte dans les petites communes. Déjà, en 1849 où ces écoles étaient au nombre de 96, l'Administration les considérait comme « un abus antipathique au sentiment moral ». En 1856 le nombre des écoles mixtes se trouvait réduit à 67.

Cette situation peu brillante de l'enseignement primaire, six ans après le vote de la Loi du 15 Mars 1850, se compliquait par la difficulté qu'éprouvait l'Administration de recruter le personnel des écoles publiques. 26 écoles de garçons avaient dû être fermées, en 1856, faute d'Instituteurs. Le recrutement des Institutrices, à cause du petit nombre d'écoles de filles, se faisait, par contre, assez facilement.

M. le Préfet, en appelant l'attention du Conseil Général et des Autorités scolaires sur le manque de postulants aux fonctions d'Instituteur public, donnait les explications suivantes :

« Cet état de choses, disait-il (1), est dû principalement à la
» concurrence que les écoles libres font aux écoles publiques dans
» les communes rurales, quoi qu'il soit bien reconnu cependant que
» dans ces dernières, l'éducation et l'instruction soient meilleures ;
» mais les Instituteurs publics sont tenus de recevoir gratuitement
» les indigents, et malheureusement, dans les communes rurales,
» bon nombre de pères de famille aisés, par un amour-propre mal
» placé, ne souffrent point volontiers que leurs enfants soient, sur
» les mêmes bancs, à côté de ceux dont les parents ne peuvent
» payer la rétribution scolaire. Il suit de là que le traitement des
» Instituteurs publics, dans la plupart des communes, se trouve
» réduit au minimum ».

Malheureusement ce minimum avait été abaissé de 600 à 400 fr. par le Décret du 31 Décembre 1853 qui imposait aux Instituteurs un stage de trois ans au moins, pendant lequel ils touchaient un traitement de 400 fr. s'ils étaient de 2me classe, et de 500 fr. s'ils appartenaient à la 1re. En tenant compte des retenues pour pensions civiles, le traitement de certains maîtres se trouvait réduit à 380 fr.

Les élèves de l'École Normale n'échappaient point à l'obligation du stage. Le Conseil Général, en 1855, avait émis un vœu tendant à les en dispenser ; mais ce vœu ne fut point accueilli par le Ministre, qui, dans une dépêche en date du 19 Février 1856, exposait à M. le Préfet les motifs pour lesquels il n'était pas possible de modifier le Décret du 31 Décembre 1853. Ces motifs, d'ordre pédagogique et administratif, cachaient à peine l'hostilité du Gouvernement à l'égard des Instituteurs.

---

(1) Rapport de 1856.

V. — Relèvement de l'enseignement primaire.

Cependant le département de l'Hérault jouissait à cette époque, au point de vue agricole et commercial, d'une prospérité jusqu'alors inconnue. L'ouverture de voies de communication nouvelles et la construction des chemins de fer qui transforment la situation économique de tous les pays, avaient eu, pour l'Hérault en particulier, les plus heureuses conséquences. La hausse du prix du vin avait étendu rapidement la culture de la vigne et amené l'aisance partout.

L'augmentation de la fortune publique ne pouvait qu'avoir une influence heureuse sur l'enseignement primaire. Dès 1858, cet enseignement reprend sa marche ascendante.

Les pouvoirs publics, après plusieurs années d'indifférence ou d'hostilité, montrent des dispositions plus bienveillantes.

C'est à ce moment qu'intervint le Règlement scolaire qui devait rester en vigueur jusqu'en 1881, officiellement du moins sinon en fait. Nous en donnons ci-après les articles les plus saillants.

———

RÈGLEMENT SCOLAIRE du 11 Septembre 1858, signé par M. Vaillant, Maréchal de France, remplissant par intérim les fonctions de Ministre de l'Instruction publique, et contresigné par M. Gavini, Préfet de l'Hérault.

TITRE I
DES DEVOIRS PARTICULIERS DE L'INSTITUTEUR.

« ART. 1er. — Le principal devoir de l'Instituteur est de donner aux enfants une éducation religieuse et de graver profondément dans leur âme le sentiment de leurs devoirs envers DIEU, envers leurs parents, envers les autres hommes et envers eux-mêmes.

» ART. 2. — Il doit instruire par ses exemples comme par ses leçons ; il ne se bornera donc pas à recommander et à faire accomplir les devoirs que la religion prescrit ; il ne manquera pas de les accomplir lui-même.

» ART. 3. — Il ne fréquentera point les cabarets, les cafés, aucun lieu, aucune société qui ne conviendrait point à la gravité et à la dignité de ses fonctions.

» ART. 4. — Il se montrera plein de respect et de déférence

pour les autorités en général, et en particulier pour celles qui sont préposées à l'instruction publique.

» ART. 5. — Il veillera avec une constante sollicitude sur tout ce qui intéresse l'esprit et le cœur, les mœurs et la santé des enfants. Il n'aura point de familiarité avec eux ; il s'abstiendra de les tutoyer et ne leur donnera jamais des noms injurieux. Il ne se laissera point aller à la colère et il saura toujours allier le calme et la douceur à la fermeté et à la sévérité.

» Il ne se livrera, pendant le temps de la classe, à aucune lecture ou occupation étrangère aux devoirs essentiels de sa profession. »

Les Titres II (des conditions d'admission — art. 6 et 7), III (du local et du mobilier — art. 8 à 12) et IV (de l'enseignement — art. 13 à 30) contiennent, avec quelques développements, les proscriptions de la Loi du 15 Mars 1850 sur le sujet de ces titres, ainsi que des indications pédagogiques et administratives.

» ART. 20. — Un christ sera placé dans la classe, en vue des élèves.

» ART. 21. — Les classes seront toujours précédées et suivies d'une prière. Celle du matin commencera par la prière du matin contenue dans le catéchisme du diocèse, et celle de l'après-midi se terminera par la prière du soir du même catéchisme.

» A la fin de la classe du matin, on récitera la prière : « Ste-Mère » de Dieu, nous nous mettons sous votre protection.» Au commencement de la classe du soir on dira la prière : « Venez, Esprit-Saint. »

» ART. 22. — L'Instituteur conduira les enfants aux offices les dimanches et fêtes conservées, à la place qui leur aura été assignée par le curé. Il est tenu de les y surveiller.

» ART. 23. — Toutes les fois que la présence des élèves à l'église sera nécessaire pour le catéchisme, et principalement à l'époque de la 1re communion, l'Instituteur devra les y conduire ou les y faire conduire,

» ART. 24. — L'Instituteur veillera particulièrement à la bonne tenue des élèves pendant les prières et exercices de religion, et il les portera au recueillement par son exemple.

» ART. 25. — On ne se servira pour l'enseignement religieux que de livres approuvés par l'autorité ecclésiastique.

» ART. 26. — L'enseignement religieux comprend la lettre du catéchisme et les éléments d'histoire sainte. On y joindra chaque jour une partie de l'Évangile du dimanche qui sera récité en entier le samedi. Il y aura une leçon de catéchisme chaque jour, même pour les enfants qui ont fait leur première communion. Les leçons d'instructions religieuse seront réglées sur les indications du curé de la paroisse. »

Le Titre V. (art. 30 à 38) a trait à la discipline, aux récompenses et aux punitions.

Le Titre VI (art. 39 à 47) renferme les dispositions générales.

» ART. 40. — Les jours de congé extraordinaire sont :
» Le premier de l'an.
» Les trois derniers jours de la semaine sainte.
» Les Lundis de Pâques et de la Pentecôte.
» Les jours de fêtes nationales.

» ART. 41. — L'ouverture des classes est obligatoire pendant toute l'année, le temps des vacances excepté.

» Les vacances dureront 1 mois et auront lieu du 20 Septembre au 20 Octobre.

» Le Préfet fixera, suivant les circonstances et les besoins des localités, l'époque et la durée des vacances particulières accordées pour l'enlèvement des récoltes. »

La situation précaire dans laquelle le Décret du 31 Décembre 1853 plaçait les Instituteurs, ne pouvait pas durer. Ce décret fut modifié et le traitement minimum des maîtres porté, en 1860, à 500 fr. L'année d'après ce traitement était élevé à 600 fr. et revenait ainsi au taux de 1849.

Le Conseil Général de son côté, témoignait de bonnes dispositions aux écoles et au personnel. Le Budget de 1861, indépendamment des crédits relatifs à l'École Normale d'Instituteurs et au service de l'Administration académique, contient quelques articles qu'il est bon de signaler :

« Subvention aux communes pour achat et renouvellement du mobilier des écoles publiques, notamment pour doter ces écoles d'une armoire bibliothèque,..................... ... ... 3.000ᶠ »

» Subvention aux communes pour l'établissement et l'entretien des salles d'asile..................·.... 2.500 »

» Encouragements et récompenses aux Instituteurs communaux en exercice...................... 2.500 »

» Encouragements et récompenses aux Institutrices communales et Directrices de salles d'asile........ 2.000 »

» Subventions aux communes pour acquisitions,
constructions et réparations de maisons d'école.... 9.000' »

» Secours et encouragements aux Directrices d'ou-
vroirs laïques ou religieux....................... 1.000 »

» Secours aux anciens Instituteurs............ 1.200 »

id.   aux anciennes Institutrices......... 1.200 »

Les communes ne paraissent pas toutes seconder ces efforts et
ces bonnes intentions, surtout en ce qui concerne les écoles publiques de filles. En 1860, le département de l'Hérault ne comptait que
127 écoles de cette catégorie ; les arrondissements de Lodève et
de St-Pons, les moins favorisés, n'en possédaient à eux deux que 27.

Un nombre aussi restreint d'écoles ne pouvait pas suffire pour
placer les élèves-maîtresses à leur sortie de l'École Normale. En
1860, cette école avait fourni, depuis sa création, 124 Institutrices,
dont 86 au département de l'Hérault, fondateur, 23 à celui de l'Aude
et 15 à celui de l'Aveyron, qui y entretenaient des boursières. Sur
ces 124 Institutrices, 64 seulement avaient pu trouver à se placer,
et dans ce nombre il n'y avait que 28 Institutrices communales,
60 étaient sans position.

En présence de cette situation, l'Assemblée départementale décida,
dans sa session d'Août 1860, de supprimer l'École Normale et de
la remplacer par un cours normal annexé au pensionnat privé des
Dames de Nevers, à Montpellier. 10 Bourses furent attribuées à ce
cours normal, nombre suffisant, disait le Rapport de M. le Préfet,
« pour combler dans les écoles communales de filles, les vacances
» qui s'y produiraient à l'avenir. »

Il était cependant reconnu depuis longtemps que la Loi du 15 Mars
1850 était insuffisante en ce qui concerne les écoles de filles. Dans
l'exposé des motifs d'un projet de loi sur ces écoles, la Commission
du Corps Législatif exprimait cette opinion : « Qu'il y avait justice
» à réparer, aussitôt qu'on le pourrait, en faveur des écoles de filles,
» les oublis regrettables de la Loi du 15 Mars 1850, c'est-à-dire à
» rendre leur entretien obligatoire pour toutes les communes, comme
» celui des écoles de garçons, et à fixer un minimum de traitement
» pour les Institutrices ».

C'est à M. Duruy qu'était réservé l'honneur de réparer ces oublis
regrettables.

La situation générale de l'enseignement primaire pour l'année

1861, était assez satisfaisante, comparativement à ce qu'elle avait été quelques années auparavant. Elle se résume dans les chiffres qui suivent :

		Pour les garçons.	Pour les filles.	Mixtes.	Total.
Nombre	Communales,	290	127	66	483
des écoles.	Privées.....	126	372	»	498
	Totaux....	416	499	66	981

Nombre des élèves	Garçons....	24.257	
reçus dans ces écoles.	Filles......	22.932	47.189

Nombre d'enfants ne recevant	Garçons....	2.933	
aucune instruction.	Filles......	2.843	5.776

		Laïques.	Congré- ganistes.	Total.
Nombre	Montpellier	50	28	78
de salles d'asile	Béziers....	4	15	19
par	Lodève...........	2	6	8
arrondissement .	St-Pons	1	5	6
	Totaux.......	57	54	111

Nombre d'élèves reçus dans les salles d'asile...... 8.195.

Le département de l'Hérault comptait donc en 1861, 1,092 écoles primaires et maternelles, recevant ensemble 55,384 enfants.

A ce nombre d'établissements il faut ajouter 6 écoles privées où était donné l'enseignement primaire supérieur et l'enseignement commercial. Parmi ces écoles, celle de M. Cantagrel, à Montpellier, qui recevait des boursiers de la ville et du département, et celles des Frères des école chrétiennes, à Montpellier et à Béziers, donnaient les meilleurs résultats.

Il restait encore beaucoup à faire : 5,776 enfants, comme on l'a vu, se trouvaient complètement dépourvus d'instruction ; 16 communes n'avaient aucune école. Au point de vue de l'installation matérielle, la plupart des écoles publiques laissaient à désirer ; le mobilier restait défectueux, et parmi les 159 maisons d'école appartenant aux communes, plus de 50 se trouvaient en mauvais état.

Mais si les améliorations, en ce qui concerne l'installation matérielle, étaient lentes, il faut reconnaître qu'au point de vue des méthodes d'enseignement, de grands progrès avaient été réalisés. Ils étaient dus en grande partie à l'action féconde autant que modeste et désintéressée de M. Maître, l'habile et zélé Directeur de l'École Normale. Sa méthode de lecture, aujourd'hui peut-être un peu vieillie, a rendu à son époque les meilleurs services.

La gratuité de l'enseignement primaire était encore loin d'être admise par la loi comme un principe absolu. Néanmoins le département de l'Hérault entrait un des premiers dans la bonne voie. Déjà en 1861 l'instruction était totalement gratuite dans 35 écoles. Sur les 47.189 élèves présents dans les écoles primaires, 17.401 étaient gratuits (10,405 garçons et 6,996 filles). Les écoles maternelles recevaient également 4,873 enfants ne payant aucune rétribution, sur un total de 8,195 élèves.

A ce moment, l'enseignement privé semble avoir atteint son développement maximum. Il avait marché jusqu'alors à peu près de pair avec l'enseignement public et l'avait dépassé parfois. A partir de 1863 il reste stationnaire, on peut le dire, car s'il diminue comme écoles, il conserve dans son ensemble le même nombre d'élèves.

De ce moment aussi les écoles privées laïques et les écoles privées congréganistes suivent une marche contraire. Il est facile de s'en convaincre en consultant les tableaux Nos 2, 3 et 4, à la fin de l'ouvrage.

Tandis que celles-ci augmentent comme nombre, comme personnel et comme élèves, celles-là, au contraire, disparaissent peu à peu et perdent la plus grande partie de leur effectif.

Cette époque est également marquée par une amélioration du service de l'inspection des écoles. Cette inspection, dont on ne peut méconnaître l'utilité et l'action qu'elle exerce sur l'enseignement, avait été longtemps défectueuse. Confiée surtout à des comités locaux sous l'empire de la Loi de 1833, elle avait manqué de direction et d'uniformité. En 1846, il y avait bien un Inspecteur départemental remplissant les fonctions d'Inspecteur d'Académie et un Inspecteur primaire, mais le premier, absorbé par le travail administratif, ne pouvait que consacrer à l'inspection un temps très limité, de telle sorte que ce service devait être fait à peu près en entier par un seul Inspecteur primaire. En 1850, un Commis était donné à l'Inspecteur

d'Académie pour lui permettre de faire des Inspections plus nombreuses.

Mais cette amélioration était insuffisante et, malgré la substitution
des délégations cantonales aux Comités locaux, on avait dû, dans
les années suivantes, créer de nouveaux emplois d'Inspecteur primaire. Ces emplois étaient au nombre de 3 en 1860. Un seul
Inspecteur était chargé des deux arrondissements de St-Pons et
de Lodève. Il résidait à St-Pons. Dès 1861, M. le Préfet, reconnaissait la nécessité de nommer un 4me Inspecteur des écoles primaires.
La création du nouvel emploi, qui permettait d'avoir un Inspecteur
dans chaque arrondissement, fut réalisée quelques années plus tard.

Désormais l'inspection des écoles se fait d'une manière régulière
et efficace. L'action directrice de l'Inspecteur d'Académie se transmet
partout, soit directement, soit par l'entremise des Inspecteurs primaires, et les écoles publiques sont presque toutes visitées une fois
chaque année. Cette bonne organisation administrative, perfectionnée
depuis, ne devait pas peu contribuer à améliorer les résultats de
l'enseignement primaire.

Nous avons fait connaître plus haut quelle était, d'une manière
générale, la situation de cet enseignement et 1861. Cette situation
s'améliore lentement, mais régulièrement chaque année. Néanmoins
en 1865, l'effectif scolaire des garçons subit brusquement une diminution de près de 1.000 élèves. L'Administration préfectorale qui
rechercha, avec le concours de l'Inspecteur d'Académie, les causes
de cette diminution, l'expliqua par l'insuffisance de l'installation matérielle et par l'ouverture de nombreux établissements libres d'instruction secondaire.

L'installation matérielle laissait, en effet, à désirer partout. Les
progrès accomplis sur ce point depuis 1849, étaient pour ainsi dire
insignifiants. Certaines communes affectaient au service scolaire des
bâtiments dont on n'aurait certainement pas voulu pour loger
des bestiaux.

D'un autre côté, les familles aisées — et à cette époque elles
étaient nombreuses dans le département — éprouvaient encore,
comme dix ans auparavant, une espèce de répulsion à envoyer
leurs enfants dans les écoles publiques à côté des élèves gratuits.
Les institutions d'enseignement secondaire devaient nécessairement
bénéficier de ces préjugés. Aussi le département comptait-il en 1865,
pour cet enseignement, 37 établissements publics ou libres.

L'enseignement des filles, comme l'installation matérielle, était en retard. Les Municipalités s'en préoccupaient fort peu, et lorsqu'elles faisaient des sacrifices pour l'instruction primaire, c'était généralement en faveur des écoles de garçons.

On ne comptait en 1865 que 150 écoles publiques de filles (73 laïques et 77 congréganistes). Heureusement que cette situation ne devait pas tarder à se modifier, grâce à la Loi du 10 Avril 1867.

VI. — Situation de l'enseignement primaire en 1870.

En se reportant aux tableaux Nos 2 et 4, on voit qu'en 1870 il y avait dans le département :

Écoles primaires.

293 écoles publiques de garçons (263 laïques et 30 congréganistes).
172   —   de filles (90 — 82   —   ).
90   —   mixtes (89 — 1   —   ).

95 écoles libres de garçons (87 laïques et 8 congréganistes).
349   —   de filles (210 — 139   —   ).
8   —   mixtes (4 — 4   —   ).

Écoles maternelles.

62 écoles publiques   (15 laïques et 47 congréganistes).
71 — libres   (41 — 30   —   ).

Personnel enseignant.

470 Instituteurs publics   (358 laïques et 112 congréganist.).
312 Institutrices publiques   (120 — 192   —   ).
172 Instituteurs libres   (114 — 58   —   ).
753 Institutrices libres   (280 — 472   —   ).
96 Maîtresses d'éc. mat. publiq.(19 — 77   —   ).
95 — — libre (47 — 48   —   ).

Soit, au total, 617 écoles publiques, 523 écoles libres, 642 Instituteurs et 1,256 Institutrices, y compris les maîtresses des écoles maternelles.

53,167 élèves fréquentaient ces écoles, savoir :

34,529, les écoles publiques.
18,921, les écoles libres.
6,176, les écoles maternelles publiques.
3,481, les écoles maternelles libres.

Parmi les 34,529 enfants admis dans les écoles publiques, on comptait 11,777 payants et 22,752 gratuits.

En ce qui concerne les locaux scolaires, 315 maisons appartenaient aux communes (283 pour les écoles primaires, 32 pour les salles d'asile) et 308 étaient prêtées ou louées (278 pour les écoles primaires et 30 pour les écoles maternelles.

Les traitements du personnel des écoles publiques (les maîtresses d'école maternelle non comprises) s'élevaient au total de 633,835ʳ 63ᵉ, ce qui donnait un traitement moyen de 810 fr.

La situation de l'enseignement primaire, et particulièrement de l'enseignement public, si on l'examine au point de vue du nombre des écoles de garçons, de la fréquentation scolaire et des résultats de l'enseignement, était, en 1870, relativement satisfaisante. Le mérite des améliorations réalisées revenait presqu'en entier à M. Duruy qui, durant son passage au Ministère de l'Instruction publique, imprima une vive impulsion à l'enseignement populaire.

Sans doute, on avait fait de grands progrès dans l'espace des dix années précédentes, mais de plus grands encore restaient à accomplir.

Créer de nombreuses écoles de filles et des écoles mixtes dans les hameaux éloignés du chef-lieu communal, dédoubler les classes trop peuplées, améliorer l'instruction et l'éducation professionnelles du personnel en même temps que sa situation matérielle, organiser à côté de l'école des institutions auxiliaires susceptibles de rendre la fréquentation scolaire plus assidue et l'enseignement plus fructueux, construire, agrandir ou réparer la plupart des maisons d'école, refaire tout le matériel, étendre à toutes les écoles publiques le bénéfice de la gratuité, telle était l'œuvre qu'il fallait réaliser et à laquelle l'État, le département et les communes, chacun dans la mesure de ses attributions, devaient quelques années plus tard consacrer tous leurs efforts.

DEUXIÈME PARTIE.

L'ENSEIGNEMENT PRIMAIRE APRÈS 1870.

I. — Écoles.

Sur 334 communes que comptait le département en 1870, 325 possédaient une école publique, 6 étaient légalement réunies pour l'entretien d'une école et 3 absolument dépourvues de tout établissement scolaire.

Sauf dans ces 3 communes, l'enseignement primaire des garçons était assuré dans tous les chefs-lieux communaux ; mais beaucoup de hameaux importants, distants de plusieurs kilomètres du centre principal n'avaient point d'école, et les enfants, obligés de parcourir de longues distances, dans des pays accidentés, sur des chemins mal entretenus et parfois dangereux, restaient privés d'instruction.

En ce qui concerne les filles, on semblait contester encore, dans certaines régions du département, l'utilité pour elles de savoir lire et écrire.

A la suite des évènements douloureux de 1870, le mot de Guillaume Ier : « C'est le maître d'école allemand qui a vaincu les Français », avait appelé l'attention publique sur l'état de notre enseignement primaire. On avait constaté non sans surprise que nous étions en retard sur les autres nations. Il fallait au plus tôt se mettre à l'œuvre, car c'est par l'instruction que devait commencer le relèvement moral du pays.

Dans l'Hérault, nous l'avons dit, il y avait à créer non seulement des écoles, mais encore beaucoup d'emplois d'Adjoint et d'Adjointe. La plupart des écoles des communes importantes avaient, en effet, un personnel insuffisant. L'Instituteur, obligé de répartir ses soins entre un trop grand nombre d'élèves, ne pouvait obtenir, malgré la meilleure volonté et le zèle le plus assidu, que des résultats médiocres. Le tableau ci-dessous, dont les chiffres ont été relevés sur les états de situation de 1872 et de 1873, montre combien était lourde la tâche qui incombait à certains maîtres et à certaines maîtresses.

DÉSIGNATION DES ÉCOLES.	NOMBRE D'ÉLÈVES.	NOMBRE de maîtres ou de maîtresses attachés à l'école
Écoles de filles.		
Paulhan (laïque).......	115	1
Marseillan (congréganiste)	145	2
Écoles de garçons.		
La Salvetat (laïque)	129	1
Cette (école laïque dirigée par M. Petit)....	224	3
— — M. Lue)....	846	4
— — M. Mazel)...	101	1
Bouzigues (laïque)..................	91	1
Montpell\ier (éc. congr. dirigée par M. Garipuy).	518	6
— (éc. laïque dirigée par M. Michel)...	340	5
— —. M. Aubouy) .	355	4
Béziers — M. Robert) .	255	3
Caux (laïque)......................	106	1

Mais pour opérer ces créations il fallait de l'argent. Malheureusement l'État, à cette époque, n'était pas en mesure d'en donner beaucoup et M. J. Simon, qui avait commencé la réorganisation de l'enseignement primaire, s'était heurté sur ce point aux plus grandes difficultés. Il avait dû se limiter et ajourner à plus tard les réformes et les créations dont il reconnaissait l'indiscutable nécessité.

L'intervention de l'État est le facteur principal dans le développement de l'enseignement public, surtout en ce qui concerne la création des écoles. Les efforts du département et des communes, quelque considérables qu'ils fussent, devaient forcément, sans son concours, rester infructueux.

Aussi ne faut-il pas s'étonner si le nombre des écoles publiques augmente lentement.

En 1875, le département ne comptait de plus qu'en 1870, que 4 écoles de filles, 15 écoles mixtes et 8 écoles maternelles. Le nombre des écoles de garçons restait le même. Le total des écoles publiques, pour cette année, était de 646, dont 576 primaires et 70 maternelles. Ce total tombe brusquement à 605 en 1876

3

(551 écoles primaires et 54 écoles maternelles) et se relève en 1877 à 640 (581 primaires et 59 maternelles.)

En comparant la situation de cette dernière année à celle de 1870, on trouve que le département comptait :

En plus.. { 20 écoles mixtes ou spéciales aux garçons.
{ 4 écoles de filles.

En moins : 3 écoles maternelles.

Depuis 1870 le chemin parcouru, au point de vue du nombre des écoles, était presque insignifiant. Au lieu de 3 communes dépourvues d'école on en comptait 4 : Combes, Mérifons, Brenas et Lagamas. En ce qui concerne les écoles de filles, on était à peu près resté sur place, et la Loi du 10 Avril 1867 qui obligeait les communes de plus de 500 habitants à entretenir une école de cette catégorie, n'avait été appliquée qu'en partie. 45 de ces communes n'avaient point encore satisfait, en 1876, aux obligations imposées par cette loi. En voici la liste par arrondissement :

Montpellier. — Bouzigues, Montferrier, Gorniès et Vailhauquès.

Béziers. — Vias, Boussagues, Cazouls-lès-Béziers, Sérignan, Autignac, Cabrerolles, Causses-et-Veyran, Laurens, St-Nazaire-de-Ladarez, Puimisson, Pézenas, Faugères, Bassan, Colombiers, Vendres, Nissan, Quarante, Pinet, Pomérols, St-Gervais, Les Aires, Hérépian, Le Poujol, Cabrières, Péret, St-Geniès-le-Bas, Caux, Tourbes, Gabian, Magalas, Nefflès, Pouzolles, Abeilhan, Valros, Puissalicon.

Lodève. — Le Caylar, Gignac, Montpeyroux, Vendémian, Ceilhes-et-Rocozels.

St-Pons. — La Cannette.

Certaines de ces communes possédaient une école libre subventionnée ; mais d'autres, et pas des moins importantes, — Pézenas, par exemple — n'avaient pas même une école de cette nature pour les filles.

Si pendant la période de 1870 à 1877, il n'avait été créé qu'un petit nombre d'écoles, par contre de nombreuses classes avaient été dédoublées. Le nombre total des classes était monté de 782 à 859. Ces 859 classes étaient dirigées : 552 par des laïques, 307 par des congréganistes.

A partir de 1878, les écoles publiques augmentent en nombre chaque année et des emplois d'Adjoint ou d'Adjointe sont créés partout où la population scolaire dépasse une moyenne de 50 élèves par maître. Nous ne pouvons mieux faire, pour apprécier les progrès réalisés à ce point de vue, que de donner la liste des écoles nouvelles ouvertes de 1878 à 1890, ainsi que le nombre d'emplois d'Instituteur-Adjoint et d'Institutrice-Adjointe créés pendant la même période.

CRÉATIONS D'ÉCOLES DE 1878 A 1890.

Écoles de garçons.

Date de la création officielle.

Montpeyroux	12 Juin	1878.
Bédarieux	12 Octobre	1878.
Béziers (quartier St-Aphrodise)	16 Juin	1879.
St-Pons (école laïque)	9 Décembre	1879.
Béziers (école primaire supérieure)	20 Mars	1880,
St-Martin-d'Orb	10 Avril	1880.
Montpellier (école primaire supérieure)	5 Août	1882.
Servian (cours complémentaire)	15 Décembre	1882.
Marsillargues —	1er Octobre	1887.
St-Pons —	24 Octobre	1888.

Écoles de filles.

Vendémian	12 Juin	1878.
St-Geniès-le-Bas	12 Juin	1878.
Cette	12 Juin	1878.
Béziers (quartier de la Gare)	2 Juillet	1878.
Abeilhan	20 Août	1878.
Mèze	1er Septembre	1878.
St-Brès	21 Septembre	1878.
Pérols	26 Septembre	1878.
Clermont	26 Septembre	1878.
Riols	26 Septembre	1878.
Laurens	18 Octobre	1878.
Marsillargues	9 Décembre	1878.
Cruzy	3 Février	1879.
Berlou	29 Mars	1879.

Nissan....	20 Mai	1879.
Vendres..	16 Juin	1879.
Capestang (école laïque)............	4 Juillet	1879.
Gabian..	30 Août	1879.
Frontignan (école laïque)...........	16 Septembre	1879.
St-Bauzille-de-Montmel	20 Mai	1880.
Lattes................. ....,	31 Août	1880.
Faugères.......	12 Février	1881.
Lieuran-lès-Béziers.................	21 Mai	1881.
Montady	21 Mai	1881.
Montouliers...	18 Août	1881.
Roujan..................	18	—
Pignan..................	18	—
Aigne..................	18	—
Bélarga................	11 Octobre	1881.
Montpellier (quartier Grand-St-Jean)......	13 Octobre	1881.
Béziers (École primaire supérieure).......	31 Octobre	1881.
Villeveyrac	31	—
Valros.................	31	—
St-Chinian	17 Décembre	1881.
Bouzigues	19 Janvier	1882.
Marseillan	24 Mars	1882.
Pouzols....................	5 Mai	1882.
Gignac..................,	24 Juin	1882.
Villemagne	6 Juillet	1882.
Les Aires.................	26 Août	1882.
Agde (Éc. laïque)................ ..	31 Août	1882.
St-Martin-du-Bosc......	31 Août	1882.
Bédarieux.....	2 Septembre	1882.
Ceilhes........	4 Octobre	1882.
Hérépian	16 Décembre	1882.
Cazouls-lès-Béziers......	16 Décembre	1882.
Béziers (quartier de l'Hôtel-Dieu).......	26 Décembre	1882.
Caux	16 Janvier	1883.
Tourbes....................	16 Janvier	1883.
Pierrerue..................	20	—
Autignac...	27	—

Date de la création officielle.

La Salvetat	12 Avril	1883.
Quarante	17	—
Le Bousquet-d'Orb	30 Septembre	1883.
Cette	6 Octobre	1883.
Béziers (faubourg du Pont)	6	—
Vias	21 Janvier	1884.
Cazedarnes	29 Novembre	1884.
Portiragnes	31 Juillet	1885.
Le Poujol	16 Novembre	1885.
Cazouls-d'Hérault	9 Mars	1885.
Tressan	31 Mars	1885.
Cébazan	5 Juin	1885.
Montpeyroux	25 Juin	1885.
Cette (Pont-Neuf)	16 Novembre	1885.
St-Gervais (h. de St-Laurent-des-Nières)	16 Novembre	1885.
Montpellier (École primaire supérieure)	16 Novembre	1885.
Camplong (h. de St-Étienne-de-Mursan)	21 Septembre	1886.
Courniou	21	—
St-Gervais	21	—
St-Chinian (hameau de Babeau)	21	—
Cers	15 Juin	1887.
Lamalou-les-Bains	29 Juin	1888.
Azillanet	29 Décembre	1888.
Montpellier (rue Dom-Vaissette)	4 Février	1889.

Écoles mixtes.

Courniou (hameau de Sabo)	9 Décembre	1878.
Faugères (hameau de Soumartre)	9 Janvier	1879.
Dio-et-Valquières	2 Avril	1879.
Courniou (hameau de Merthomis)	7 Avril	1879.
St-Maurice (hameau de Madières)	30 Juin	1879.
Cabrerolles (hameau d'Aigues-Vives)	14 Juillet	1879.
Combes (hameau du Vernet)	24	—
Joncels (hameau de la Dalmerie)	12 Janvier	1880.
Lunas (hameau de Caunas)	12	—
Cazevieille	20 Février	1880.
Avène (hameau du Coural)	10 Avril	1880.

Le Soulié (hameau du Banès)............	23 Juillet	1880.
Pardailhan (hameau de St-Jean).........	23	—
St-Guilhem (hameau des Lavagnes).	4 Octobre	1880.
Boisset (hameau de Favayrolles)...... ...	23 Décembre	1880.
St-Maurice (hameau du Coulet)	21 Mai	1881.
St-Étienne-d'Albagnan (hameau de Cailho).	21 Septembre	1881.
La Livinière (hameau de St-Julien).......	22 Août	1881.
Aumelas (hameau de Cabrials)..........	31 Octobre	1881.
Aigues-Vives (hameau de Paguignan).....	25 Novembre	1881.
St-Gervais (hameau de Castanet-le-Bas)...	19 Janvier	1882.
Mèze (hameau du Vinaigre)	30 Septembre	1883.
La Salvetat (hameau du Crouzet)........	21 Novembre	1883.
— (hameau des Barthèzes)......	21	—
— (hameau de Gouttines-de-Maur.).	21	—
Le Soulié (hameau de Caudezaures)......	27 Janvier	1883.
Lunas (hameau de Taillevent).........	31 Août	1883.
Mons (hameau de Tarassac)	30 Septembre	1883.
Riols (hameau de Tarbouriech)..........	29 Octobre	1883.
Olargues (hameau de la Salle)..........	31 Janvier	1884.
St-Etienne-d'Albagnan (h. de Bonnefont) ..	2 Février	1884.
Pardailhan (hameau de Coulouma).......	2	—
Castanet-le-Haut (hameau de la Salesse)...	16 Novembre	1885.
— (hameau de Pabeau).....	16	—
Ceilhes (hameau de Rocozels)....... ..	21 Septembre	1886.
Cabrières (hameau des Crozes)..........	2 Avril	1887.
Ferrals (hameau de Peyrefiche)	24 Octobre	1888.
La Salvetat (hameau de Planacan)	24	—

Écoles maternelles et enfantines.

Lansargues........	7 Mars	1879.
Sérignan.......................	25 Novembre	1881.
St-Chinian....................	17 Décembre	1881.
Lunel-Viel.....................	4 Mai	1882.
Agde.......................	19 Janvier	1882.
Mèze......	14 Juin	1882.
St-Geniès-des-Mourgues	14	—
Olonzac	24 Juin	1882.

Date de la création officielle.

Bessan..............................	6 Juillet	1882.
Castries............................	24	—
Pérols.............................	5 Août	1882.
Puissalicon (école enfantine) (1)...........	26 Août	1882.
Ceilhes............................	4 Octobre	1882.
Béziers (éc. enf. du quartier St-Jacques) ..	14 Décembre	1882.
— (éc. enf. du quartier de l'Hôtel-Dieu).	26 Décembre	1882.
— (éc. mat. du quartier de l'Hôtel-Dieu).	26	—
— (éc. enf. du quartier St-Nazaire)...	26	—
Paulhan............................	18 Janvier	1883.
St-Christol........................	20	—
Faugères (école enfantine)	30 Septembre	1883.
Maraussan..........................	12 Juin	1884.
Cette (quartier de la Gare).............	16 Novembre	1885.
St-Bauzille-de-Putois (école enfantine)....	26 Janvier	1886.
Cessenon (école enfantine)	30 Octobre	1886.

Nombre
d'emplois créés
de 1878 à 1890.

pour Adjoint	73	
— Adjointe d'école primaire..	89	175
— Adjointe d'école maternelle.	13	

Tout commentaire à la suite de cette longue liste et des chiffres qui l'accompagnent serait superflu ; il ne pourrait qu'atténuer l'éloquence qui en ressort.

Mais il n'est pas mauvais néanmoins de montrer, par un tableau succinct, combien dans l'espace de 13 ans le nombre des écoles et des classes s'est accru.

—————————————————

(1) Les écoles enfantines ont été supprimées par la Loi du 30 Novembre 1886. Celles qui existaient à ce moment, ont été transformées en classes enfantines ou en écoles maternelles, ou bien en écoles spéciales de filles.

(Suit le tableau.)

Situation comparative des écoles publiques.

	1877.			1890.		
	Laïques.	Congréga- nistes.	Total.	Laïques.	Congréga- nistes.	Total.
Écoles de garçons............	258	30	288	266	5	271
Écoles de filles	99	79	178	234	27	261
Écoles mixtes	115	»	115	159	»	159
Totaux............	472	109	581	659	32	691
Écoles maternelles......... .	17	42	59	41	7	48
Totaux généraux pour les écoles.	489	151	640	700	39	739
Nombre de classes garçons...	331	140	471	488	20	508
dans les filles......	106	167	273	406	46	452
écoles primaires. mixtes. ..	115	»	115	159	»	159
Totaux.	552	307	859	1.053	66	1.119
Nombre de classes dans les écoles maternelles......	31	69	100	78	13	91
Totaux généraux pour les classes	583	376	959	1.131	79	1.210

Une explication est nécessaire au sujet de certains chiffres de
ce tableau. On voit, en effet, que si le nombre total des classes s'est
élevé de 959 à 1.203, le nombre des écoles de garçons est tombé
de 288 à 271 et celui des écoles maternelles de 59 à 48. Cette
diminution est due aux causes suivantes :

Les communes où la population protestante avait quelque importance, possédaient en général deux écoles de garçons, une pour
chaque culte. Après la Loi du 28 Mars 1882, le maintien de ces
deux écoles n'avait plus de raison d'être. Elles ont été partout
fusionnées, excepté à Cazilhac, en une seule école à plusieurs classes.
Pour les écoles de filles la même transformation s'est produite,
mais elle n'a pas eu pour conséquence de diminuer le nombre
de ces établissements, grâce aux nombreuses créations qui restaient
à faire et qui ont été réalisées. D'ailleurs les communes comptant

une école publique de filles pour chaque culte étaient en fort petit nombre.

En ce qui concerne les écoles maternelles, elles étaient au nombre de 77 en 1887. Mais la Loi du 30 Octobre 1886 n'ayant rendu ces écoles obligatoires que pour les communes de plus de 2,000 habitants, toutes celles qui se trouvaient dans des localités dont la population n'atteignait pas le chiffre légal, ont été transformées en classes enfantines. C'est ainsi que leur nombre s'est trouvé réduit à 48.

Il nous reste maintenant à ajouter, pour compléter notre exposé relatif à l'augmentation du nombre total des établissements scolaires publics, que l'École Normale d'Institutrices a été créée — ou plutôt recréée — en 1876, et qu'à partir de 1880, les écoles primaires supérieures ont reparu dans le département. De 1880 à 1890. 4 de ces écoles se sont ouvertes : 2 à Montpellier (1 de garçons et 1 de filles), 2 à Béziers (1 de garçons et 1 de filles), ainsi que 3 cours complémentaires de garçons, l'un à Servian (1), l'autre à Marsillargues, le 3me à St-Pons.

Quant aux écoles libres, le nombre total a subi depuis 20 ans quelques variations. Il a été successivement, pour les écoles primaires, de 352 en 1870, 394 en 1877, 312 en 1890 et, pour les écoles maternelles, de 71 en 1870, 44 en 1877 et 61 en 1890.

L'extension de l'enseignement public et la création de nombreuses écoles laïques communales devaient fatalement porter un grand coup aux écoles libres laïques. Aussi le nombre de ces écoles, comme nous l'avons d'ailleurs déjà fait remarquer, s'est-il réduit dans une forte proportion. C'est à partir de 1877 que la crise commencée après 1860, s'accentue et semble menacer de faire disparaître presque totalement ces écoles. A cette date on en comptait 245, savoir :

> 65 spéciales aux garçons,
> 173 spéciales aux filles,
> 7 mixtes.

3 ans plus tard, en 1880, on n'en comptait plus que 161 :

> 31 spéciales aux garçons,
> 127 spéciales aux filles,
> 3 mixtes.

---

(1) Ce cours a été supprimé en 1890.

Ce nombre diminue chaque année et nous n'en trouvons plus que 93 en 1890 :

> 25 spéciales aux garçons,
> 63 spéciales aux filles,
> 5 mixtes.

Mais pendant que les écoles privées laïques disparaissent petit à petit, les écoles libres congréganistes augmentent en nombre et en importance. Ce devait être encore là une conséquence fatale du développement des écoles publiques laïques, car au fur et à mesure des laïcisations, de nouvelles écoles privées congréganistes se sont ouvertes.

En 1877 ces écoles étaient au nombre de 149 :

> 12 spéciales aux garçons,
> 122 spéciales aux filles,
> 15 mixtes.

Il y en avait 192 en 1880 :

> 30 spéciales aux garçons,
> 157 spéciales aux filles,
> 5 mixtes,

et 219 en 1890 :

> 39 spéciales aux garçons,
> 175 spéciales aux filles,
> 5 mixtes.

Les écoles maternelles libres congréganistes suivent le mouvement des écoles primaires de même catégorie. On en trouve 32 en 1877, 44 en 1880, et 48 en 1890.

Quant aux écoles maternelles libres laïques, elles subissent un mouvement décroissant jusqu'en 1885 (41 en 1870, 12 en 1877, 8 en 1880, 6 en 1885) ; mais à partir de cette date, elles semblent revivre un peu et se relever. Il y en a 8 en 1887 et 13 en 1890.

Le mouvement des écoles de toute nature est mis en évidence par les chiffres du tableau N° 2. Nous y renvoyons le lecteur.

II. — Fréquentation scolaire.

Les premières années qui suivirent nos désastres de 1870, amenèrent dans les écoles de nombreux enfants qui jusqu'alors en avaient été éloignés. L'effectif scolaire, en 1874, comparé à ce qu'il était 4 ans auparavant, avait augmenté d'une manière sensible. C'étaient les écoles libres de filles qui avaient gagné le plus. Le nombre de leurs élèves avait, en effet, augmenté de près de 4,000. Cet accroissement de la population scolaire était d'un heureux augure.

En 1877, les écoles du département réunies, qui ne comptaient en 1870 que 63,167 élèves, en avaient en tout 68,842, répartis de la manière suivante :

		Garçons.	Filles.	Total.
Écoles primaires	laïques......	17.602	6.246	23.848
publiques.	congréganistes.	6.742	5 558	12.300
Écoles primaires	laïques.....	2.546	6.107	8.653
libres.	congréganistes.	1.428	12.083	13.511
	Totaux.....	28.318	29.994	58.312
Écoles	publiques.... laïques..........			2.174
	congréganistes.....			6.148
maternelles.	libres....... laïques..........			360
	congréganistes.....			1,848
	Total pour les écoles maternelles....			10.530
	Total général.............			68.842

Le nombre total des élèves augmente encore un peu pendant quelques années. En 1880 nous en trouvons :

36,207 dans les écoles publiques (22,611 garçons et 13,596 filles),
21,417   —   privées (6,054 garçons et 15,363 filles),
11,863   —   maternelles publiques et libres, soit au total
   —   69,487 élèves.

Ces chiffres se maintiennent avec quelques variations sans importance dans les trois années suivantes; mais à partir de 1884, il y a une légère diminution dans la fréquentation scolaire. En 1890, le nombre total des élèves n'est que de 68,699, savoir :

35,826 pour les écoles primaires publiques (20,625 garçons et 15,201 filles).
20,802   —   — privées (7,383 garçons et 13,419 filles).
12,071   —   matern. de tout ord. (6,225 garçons et 5,846 filles).

Cette diminution correspond à un abaissement de la population du département tombée, après 1880, de 445,043 à 439,044. La réduction de la natalité a contribué aussi, plus que tout autre cause, à réduire l'effectif de nos établissements scolaires.

L'assiduité des enfants à l'école a de tout temps laissé à désirer. En 1871, M. l'Inspecteur d'Académie signalait à M. le Préfet la tendance fâcheuse des pères de famille — surtout dans les campagnes — à ne pas s'intéresser à la régularité de la fréquentation scolaire. Il est certain que les absences nombreuses et répétées nuisent à la bonne marche d'une école. Assurer la fréquentation régulière des classes c'est assurer le succès de l'enseignement du maître.

La situation à ce point de vue, s'est améliorée depuis ; mais la Loi du 28 Mars 1882, qui a rendu l'enseignement primaire obligatoire, n'a pas fait disparaître tout le mal. Cette loi, est du reste, loin d'être appliquée dans l'Hérault. Les Commissions scolaires, instituées pour assurer la fréquentation de l'école, ne fonctionnent pas et l'Administration, toutes les fois qu'elle a voulu agir auprès d'elles, s'est heurtée contre une force d'inertie insurmontable. Il y a cependant quelques exceptions ; mais elles sont si rares, qu'elles ne font que confirmer la règle générale. Il faut, croyons-nous, attendre du temps l'amélioration qu'il est désirable d'obtenir à ce sujet, car les mœurs scolaires, pas plus que les autres, ne se transforment du jour au lendemain. Il y a lieu d'espérer aussi que les pères de famille, par un sentiment plus profond de leur devoir et par une appréciation plus exacte de l'intérêt de leurs enfants seconderont mieux l'action des maîtres. Ils contribueront ainsi à assurer la régularité de la fréquentation scolaire, moins par la crainte des mesures coercitives prévues dans la loi, que par le souci raisonné de l'avenir de leurs garçons et de leurs filles.

III. — Gratuité.

En ce qui concerne la gratuité, le département de l'Hérault avait été l'un des premiers à en reconnaître le principe et les avantages.

Sous l'influence de la Loi libérale du 10 Avril 1867, la gratuité dans les écoles publiques avait pris en quelques années une extension considérable. Sur 33,529 élèves qui fréquentaient les écoles primaires communales en 1870, on ne comptait que 11,777 payants, soit à peu près un tiers.

Beaucoup de Conseils municipaux, à partir de 1872, se mirent en mesure de profiter des dispositions favorables de la loi, et introduisirent dans leurs écoles la gratuité absolue et générale. Ils étaient secondés dans cette œuvre par la générosité du Conseil Général qui n'hésitait pas, malgré le supplément de dépenses que l'extension de la gratuité imposait au Budget du département, à favoriser de tout son pouvoir le développement des écoles non payantes.

Le mouvement qui se produisait à cette époque en faveur de la gratuité de l'enseignement primaire public, n'était point secondé par l'Administration. Au contraire, l'Autorité scolaire, aussi bien que l'Autorité préfectorale, y étaient nettement opposées. Le Préfet, dans son Rapport au Conseil Général en 1874, signalait les inconvénients que l'augmentation du nombre des écoles gratuites présentait, d'après lui, au point de vue de la fréquentation scolaire et du succès de l'enseignement; mais il ne se dissimulait pas d'ailleurs que l'opinion de la majorité de l'Assemblée départementale était faite sur ce sujet, et que, malgré les objections contenues dans son Rapport, le Conseil Général n'en continuerait pas moins à poursuivre la réalisation de ses idées sur la matière.

L'Inspecteur d'Académie d'alors, M. Duval-Jouve, dont on n'a pas oublié le caractère ferme et bienveillant, ni l'heureuse influence que son administration a exercée sur nos écoles, et dont on ne saurait suspecter le dévouement à la cause de l'enseignement primaire public, pensait aussi très sincèrement, avec les Inspecteurs primaires, que la gratuité absolue était un danger.

Il est en effet certain que souvent le père de famille n'apprécie que ce qu'il paye. Avec la rétribution scolaire, il était intéressé à ce que son enfant fréquentât régulièrement l'école ; puisqu'il payait, il en voulait pour son argent.

En rendant l'école gratuite, il était à craindre que les élèves fussent moins assidus et que les parents, sous le moindre prétexte, dispensassent leurs enfants d'aller en classe.

Ces raisons paraissaient d'autant plus sérieuses, que dans quelques communes dont la population s'élevait à peu près au même chiffre et dont les écoles étaient gratuites pour les unes et payantes pour les autres, le nombre des élèves était plus élevé dans celles-ci que dans celles-là. M. le Préfet n'avait pas manqué de donner cet argument au Conseil Général.

Le résultat de cette statistique, très limitée du reste, tenait sans doute à des circonstances locales et exceptionnelles, et nous pensons que l'Administration s'était trop pressée de conclure du particulier au général.

Quoi qu'il en soit, les écoles publiques sont devenues absolument gratuites, et la régularité de la fréquentation scolaire n'en a pas diminué, pas plus que le nombre des élèves n'a été réduit.

Mais pour en revenir à la marche de la gratuité dans l'Hérault, disons tout de suite qu'en 1872, parmi les 570 écoles primaires publiques, 195 étaient gratuites (133 laïques et 61 congréganistes). La moitié des écoles congréganistes se trouvaient sous le régime de la gratuité absolue, tandis que pour les écoles laïques, plus des deux tiers étaient payantes.

Trois ans après, le nombre des écoles gratuites avait augmenté de 105 ; il était de 300 sur un total de 551 écoles primaires communales. Le nombre des élèves non payants, qui était de 21,752 en 1870, s'élevait alors à 29,728. Mais en 1876, le Ministère ayant réduit le chiffre de la subvention accordée aux écoles gratuites, le nombre de ces écoles tombe à 290.

En 1877, les écoles primaires publiques se répartissent ainsi :

286 gratuites, parmi lesquelles 218 laïques et 68 congréganistes ; 96 spéciales aux filles et 190 spéciales aux garçons ou mixtes.

295 payantes, parmi lesquelles 254 laïques et 41 congréganistes ; 82 spéciales aux filles et 213 spéciales aux garçons ou mixtes.

En ce qui concerne les élèves, on compte 8,960 payants et 27,188 gratuits, savoir :

Élèves payants	garçons......... 5 831 filles........... 3.129	8.960
Élèves gratuits	garçons......... 18.513 filles........... 8.675	27.188

Après 1877, la cause de la gratuité est complètement gagnée. Deux ans plus tard, en 1879, le nombre des écoles gratuites se trouve considérablement augmenté. Il est de 382 (304 laïques et 78 congréganistes ; 128 spéciales aux filles et 254 spéciales aux garçons ou mixtes).

Il ne reste plus à ce moment, sur les 37,540 élèves reçus dans les écoles publiques, que 5,060 payants. L'année suivante, ce chiffre est réduit à 3,889 et le nombre des écoles gratuites s'élève à 464.

Un dernier effort restait à faire pour généraliser la gratuité dans l'Hérault. Ce fut le Parlement qui le fit. La Loi du 16 Juin 1881 vint supprimer toute rétribution scolaire. Désormais il ne pouvait plus y avoir que des écoles publiques gratuites.

Les écoles maternelles avaient suivi, en ce qui concerne la gratuité, à peu près le même mouvement que les écoles primaires.

IV. — Installation matérielle des écoles.

Il y a deux catégories de maisons d'école : les unes appartiennent aux communes, les autres à des particuliers. Ces dernières sont ou louées ou prêtées.

Le tableau N° 5 montre comment étaient répartis à ce point de vue les locaux scolaires en 1870 : les communes étaient propriétaires de 315 maisons d'école; 272 locaux étaient loués et 36 prêtés.

Il va sans dire que les locaux appartenant aux communes ont toujours été, d'une manière générale, plus convenables que ceux qu'on prenait en location ou que quelques particuliers prêtaient généreusement. Néanmoins, les états de situation font ressortir qu'à cette date, parmi les premiers, 96 avaient besoin d'améliorations.

Pour les maisons prêtées ou louées, c'est à peine si quelques-unes étaient acceptables. Toutes les autres étaient insuffisantes lorsqu'elles n'étaient pas dangereuses.

Le mobilier dont le type alors en faveur existe encore aujourd'hui dans un certain nombre d'écoles, laissait aussi à désirer, mais peut-être moins, dans son ensemble, que les locaux scolaires. L'Inspecteur d'Académie, en 1872, le classait de la manière suivante :

« Bon pour 1/5.

» Passable pour 2/5.

» Complètement insuffisant pour les deux autres cinquièmes. »

Cette situation regrettable avait attiré depuis longtemps l'attention de l'Administration scolaire; mais ni l'Inspecteur d'Académie, ni les Inspecteurs primaires ne pouvaient rien sans le concours des Municipalités. Or les communes, à quelques exceptions près, restaient à ce sujet absolument indifférentes.

M. l'Inspecteur primaire de Lodève, que les conséquences désastreuses d'une mauvaise installation scolaire semblaient avoir plus particulièrement frappé, écrivait (1) à l'Inspecteur d'Académie:

« Nonobstant les améliorations qui se sont produites sur divers » points, on peut dire que beaucoup d'écoles se trouvent, quant » au local et au mobilier, complètement en dehors des prescriptions » réglementaires. Les Municipalités, soit indifférence ou mauvais » vouloir, soit le plus souvent économie mal entendue, font le moins

----

(1) Rapport de 1872.

» possible et se croient quittes de tout devoir lorsqu'elles ont fourni
» à l'Instituteur la première maison qui s'offre à elles à prix réduit. . .
. . . .

   » Une pareille situation devait avoir de fâcheuses conséquences;
» c'est ce qui est arrivé. Dans ces pauvres écoles l'instruction répond
» à l'installation matérielle ; les enfants y sont pour la plupart d'une
» ignorance désespérante, leur esprit et leur cœur sont aussi vides
» que la salle où ils passent à regret une partie de la journée. Il
» n'est pas jusqu'au maître qui n'ait éprouvé les influences délétères
» d'un pareil séjour ; son intelligence n'a plus d'énergie, son ensei-
» gnement est sans méthode, son action disciplinaire sans règle ».

   Ce tableau, peut-être un peu chargé, était au fond malheureusement exact.

   Les écoles maternelles n'étaient pas mieux partagées que les écoles
primaires. Il résulte, en effet, d'un rapport adressé à M. le Préfet par
l'Autorité scolaire, qu'à cette époque les salles d'asile fonctionnaient
dans des conditions matérielles et hygiéniques déplorables, même
dans les centres importants. Les grandes villes comme Montpellier,
Béziers et Cette ne faisaient pas exception.

   En 1875, la situation ne s'était guère améliorée. L'Inspecteur
d'Académie faisait connaître, dans son rapport annuel, que sur
319 maisons d'école appartenant aux communes, 107 étaient défec-
tueuses, mais cependant tolérables, et 78 absolument impropres au
service. Les 3/4 des locaux loués se trouvaient dans ce dernier cas.
« En sorte, disait l'Inspecteur d'Académie, que plus de la moitié des
» écoles laissent à désirer sous le rapport de leur installation. Cette
» situation réellement fâcheuse et que l'on a peine à comprendre
» dans un pays où l'aisance est si généralement répandue, mérite
» d'attirer l'attention ».

   Le mobilier restait également défectueux dans son ensemble :
« Il est tout à fait en harmonie, ajoutait l'Inspecteur d'Académie, avec
» les locaux scolaires ; il laisse généralement autant à désirer que
» ceux-ci et témoigne comme eux de l'indifférence des Municipalités.
» Une école de plus de 60 enfants, dans une commune importante,
» n'avait, il y a quelques jours, qu'une seule table à laquelle pouvaient
» prendre place cinq ou six écoliers. Les élèves y étaient appelés à tour
» de rôle pour prendre des leçons d'écriture ou d'orthographe. Leurs
» camarades restaient pendant ce temps accroupis sur un petit banc.

» D'autres écoles n'ont pas même la ressource d'une table à écrire,
» et il en est où tout manque à la fois ».

Mais on devait entrer bientôt dans la voie des grandes améliorations. En 1878, sous l'action énergique de M. Jules Ferry, qui
allait imprimer une vive impulsion à l'enseignement public à tous
les degrés, mais plus particulièrement à l'enseignement primaire, la
Loi sur la Caisse des écoles était votée.

L'effet de cette loi sur le développement des constructions scolaires
dans l'Hérault fut considérable. De tous côtés on se mit à l'œuvre.
Les Municipalités, stimulées et encouragées par le pouvoir central
et par l'Administration, s'empressèrent de préparer des projets
d'installation scolaire. D'un autre côté, le Conseil Général, très dévoué
à l'enseignement populaire, votait des crédit importants pour venir
en aide aux communes et secondait, d'une manière intelligente et
efficace, l'œuvre qu'avait entreprise le Gouvernement.

Le Ministère de l'Instruction publique a publié récemment le
relevé de toutes les constructions réalisées sous l'empire de la Loi
sur la Caisse des écoles, c'est-à-dire de 1878 à 1885. En ce qui
concerne le département de l'Hérault, nous avons résumé ce travail
dans le tableau ci-après :

ARRONDISSEMENTS.	NOMBRE DE MAISONS D'ÉCOLE nouvelles (constructions ou acquisitions)	NOMBRE DE MAISONS D'ÉCOLE déjà existantes agrandies, réparées ou meublées.	NOMBRE DE SALLES DE CLASSE dans les 2 catégories d'écoles précédentes.	NOMBRE DE PLACES D'ÉLÈVES dans les écoles nouvelles seulement.	PART CONTRIBUTIVE DANS LA DÉPENSE			TOTAL de LA DÉPENSE.
					de la commune.	du département.	de l'État.	
Béziers........	36	3	94	4.332	928.516 »	52.750	479 100	1 460.366 »
Lodève..	21	1	49	2.011	302.538 45	28.000	190.000	520.538 45
Montpellier ...	37	10	126	4.542	867.847 13	85.121	619.500	1.572.468 13
St-Pons ...,....	19	1	32	1.575	280.199 80	20 062	206.500	506.761 80
TOTAUX.....	113	15	301	12 460	2.379.101 38	185.933	1 495.100	4.060.134 38

Si l'on veut encore apprécier d'un coup d'œil l'œuvre des constructions scolaires, il suffit d'examiner la carte qui se trouve à la fin de notre travail et que nous devons à M. Bourrel, Instituteur-suppléant du département de l'Hérault. Cette carte signale les constructions effectuées de 1878 à 1890.

On se rappelle la nudité des murs de la plupart des écoles, nudité qu'on avait essayé de masquer, dans quelques communes, par des inscriptions morales ou religieuses. Peu ou point de cartes géographiques, rarement un tableau du système métrique, absence presque complète de tableau d'histoire naturelle, de globe terrestre, de compendium métrique, d'armoire pour musée et bibliothèque scolaire, telle était, en dehors des bancs et des tables, la situation de la généralité des écoles au point de vue de l'ameublement.

Cette situation s'est bien modifiée depuis une quinzaine d'années. Aujourd'hui toutes les écoles publiques possèdent une grande carte du département de l'Hérault, grâce à la générosité du Conseil Général. Le Ministère a accordé et accorde encore chaque jour de nombreuses concessions de matériel d'enseignement (cartes géographiques, compendiums métriques, tableaux du système métrique, globes terrestres, tableaux d'histoire naturelle, des animaux utiles ou nuisibles, d'histoire, etc...) Les communes, de leur côté, ont fait et font des sacrifices pour acquérir les objets les plus indispensables.

Sans doute, tout n'est pas encore parfait et il reste beaucoup à faire; mais on ne saurait méconnaître que les progrès réalisés à ce sujet depuis 1870 sont très considérables.

Pour le mobilier scolaire (tables-bancs, bureaux de maître, etc.), les améliorations n'ont pas été moins sensibles que pour les constructions et le matériel d'enseignement.

Un très grand nombre d'écoles ont actuellement un mobilier dont le type répond à toutes les exigences de l'hygiène et de la discipline.

C'est au Conseil Général qu'en revient presque tout le mérite. Cette Assemblée a largement encouragé les Municipalités dans cette voie. On jugera de l'importance qu'elle attachait à cette œuvre par les chiffres suivants :

(Suit le tableau.)

*Subventions votées par le Conseil Général pour concession
de mobilier scolaire.*

1880........	6.000'	»	1886........	11.000'	»
1881........	9.862	»	1887........	8.600	»
1882........	8.979	95	1888........	43.000	»
1883........	13.700	»	1889........	65.983	70
1884........	9.950	»	1890........	5.000	»
1885........	12.000	»			

Dans la dépense des mobiliers, les communes n'ont supporté que
la plus faible partie. Certaines d'entre elles, dont les ressources sont
très minimes, n'ont même rien eu à payer du tout. Le département
a couvert tous les frais à lui seul.

V. — Personnel enseignant.

Le nombre des Institutrices et des Instituteurs publics a suivi
nécessairement le nombre des classes. Mais à partir de 1880, le
deuxième a cependant dépassé le premier de quelques unités, certains Directeurs et Directrices ayant été déchargés de cours, et deux
classes, chez les congréganistes, ayant été dédoublées.

En 1890, on comptait dans les écoles publiques de tout ordre
1,232 maîtres pour 1,121 classes.

Pour l'enseignement privé l'écart entre ces deux catégories de
nombres a toujours été beaucoup plus grand. Les écoles libres ne
sont astreintes à ce sujet à aucune règle. Si on y trouve rarement
des Directeurs et des Directrices déchargés de classe on y rencontre
assez souvent des classes sous la direction de 2 et même 3 Adjoints
ou Adjointes. Les chiffres relatifs au nombre des classes ne sauraient
donc faire connaître exactement les fluctuations que le nombre des
membres de l'enseignement privé a subies de 1870 à 1890. Pour
apprécier ces fluctuations, il suffira de consulter le tableau N° 4.

La position des Instituteurs était encore loin, vers 1871, d'être
satisfaisante. Pour quelques-uns qui arrivaient à se faire un traitement très élevé et parfois exagéré, grâce au produit de la rétribution scolaire, le plus grand nombre manquaient du nécessaire. Le
traitement maximum pour la plupart atteignait à peine 800 fr.

Aussi ne faut-il pas s'étonner qu'à cette époque, comme précédemment, le recrutement du personnel enseignant fût difficile. L'Hérault jouissait depuis longtemps d'une richesse incomparable. Très peu de jeunes gens ou de jeunes filles aspiraient aux pénibles et délicates fonctions de l'enseignement primaire, que l'on considérait avec juste raison comme insuffisamment rétribuées. La dispense du service militaire était le seul avantage que les familles voyaient dans les fonctions d'Instituteur public.

M. l'Inspecteur d'Académie, signalait à M. le Préfet, en 1871, les difficultés en présence desquelles il se trouvait à ce sujet ; il faisait connaître que la pénurie de postulants avait pour conséquence de faire accepter tous ceux qui se présentaient et d'introduire dans les écoles des maîtres ou des maîtresses qui manquaient absolument d'aptitude.

« Le véritable remède à cette situation, disait-il, est dans l'amé-
» lioration du sort des Instituteurs. »

En 1872, plusieurs postes ne peuvent être pourvus faute de personnel. Trois ans plus tard, la situation est encore la même. Un certain nombre d'Instituteurs abandonnent leurs fonctions pour d'autres emplois mieux rémunérés.

Afin de combler les vides, l'Inspecteur d'Académie fait appel à l'enseignement libre et aux départements voisins. La Lozère, en particulier, fournit assez de candidats, mais ils conviennent fort peu, d'après l'Inspecteur d'Académie, aux populations de la plaine. Ils manquent d'extérieur. Ce sont du reste — toujours d'après l'Inspecteur d'Académie — des maîtres généralement médiocres qui ne se forment qu'à la longue.

Les Écoles Normales, pour les mêmes causes, manquaient d'aspirants et d'aspirantes. Celle d'Instituteurs comptait, en 1871, 34 élèves ; c'est à peine si le nombre des candidats présentés atteignait celui des places vacantes. Le cours normal d'Institutrices était institué pour 15 boursières. En 1874, il y en avait 10 seulement ; 5 bourses avaient dû rester inoccupées faute d'aspirantes.

Les candidats au brevet n'étaient pas également bien nombreux :

1871. — 63 Candidats reçus (30 aspirants et 33 aspirantes) sur 128 présentés (59 aspirants et 69 aspirantes) ;

1874. — 130 Reçus (40 aspirants et 90 aspirantes) sur 233 présentés (92 aspirants et 141 aspirantes) ;

1876. — 133 Reçus (40 aspirants et 93 aspirantes) sur 235 présentés (79 aspirants et 156 aspirantes).

A partir de 1876, le nombre de candidats tant au brevet élémentaire qu'au brevet supérieur et aux Écoles Normales, augmente rapidement. Le nombre d'aspirantes au brevet élémentaire atteint, en 1885, le chiffre prodigieux de 906 et celui des aspirants au même brevet 625. Dans la même année, 224 candidats se présentent au brevet supérieur (80 aspirants et 144 aspirantes).

Pour les Écoles Normales, c'est en 1883 que l'on a le plus d'aspirants (104), et en 1885 que l'on a le plus d'aspirantes (93).

Après 1885, on constate une diminution assez rapide dans le nombre des candidats. Cette diminution est due à plusieurs causes : la crise amenée par le phylloxera avait poussé de 1876 à 1885, les jeunes gens et les jeunes filles vers l'enseignement ; les laïcisations nombreuses et les créations d'écoles et d'emplois accomplies durant cette période permettaient d'ailleurs de placer facilement et avantageusement les postulants et les postulantes.

Dès 1885, au contraire, les vacances d'emploi sont très rares, et, d'autre part, l'aisance revient dans le département avec la reconstitution de la vigne. La difficulté d'obtenir un poste d'Instituteur et la facilité de se faire ailleurs que dans l'enseignement une position convenable, éloigne les jeunes personnes du brevet et des Écoles Normales.

Les tableaux ci-après font connaître les fluctuations du nombre de candidats pour la période de 1880 à 1890.

Brevets de Capacité.

| ANNÉES | BREVET ÉLÉMENTAIRE. | | | | BREVET SUPÉRIEUR. | | | |
| | ASPIRANTS. | | ASPIRANTES. | | ASPIRANTS. | | ASPIRANTES. | |
	Présentés.	Reçus.	Présentés	Reçus.	Présentés.	Reçus.	Présentés	Reçus.
1880....	140	40	246	145	15	6	40	7
1883 ...	641	264	874	529	94	36	101	44
1885....	625	232	906	460	80	20	144	69
1887....	201	92	366	178	44	27	124	68
1890....	102	54	293	109	30	17	93	40

Concours d'admission aux Écoles Normales.

ANNÉES.	NOMBRE DE CANDIDATS.					
	ÉCOLE NORMALE D'INSTITUTEURS.			ÉCOLE NORMALE D'INSTITUTRICES.		
	Inscrits.	Admissibles.	Admis.	Inscrits.	Admissibles.	Admis.
1880.....	97	45	29	60	29	15
1881.....	98	24	15	56	15	15
1882.....	99	40	30	60	18	17
1883.....	104	43	30	73	26	17
1884.....	80	31	19	75	22	17
1885. ...	68	28	20	93	27	18
1886.....	54	22	22	63	20	18
1887.....	57	23	17	76	18	15
1888.....	46	23	17	45	18	15
1889.....	29	19	16	49	17	14
1890.....	21	16	14	51	20	13

Au point de vue des titres de capacité, le personnel enseignant laïque des Instituteurs a toujours été en général dans une situation régulière. Les difficultés du recrutement avaient néanmoins obligé l'Administration à placer un certain nombre de maîtres et de maîtresses non brevetés.

Le tableau N° 8, montre combien il y avait, en 1880, d'Instituteurs et d'Institutrices de cette catégorie.

La Loi du 16 Juin 1881 ayant supprimé la faculté d'exercer des fonctions d'enseignement sans titre universitaire, le nombre des non brevetés ne devait pas tarder à décroître. D'ailleurs, le Décret du 4 Janvier 1881 et l'Arrêté du lendemain 5 Janvier, rendirent l'examen plus facile et permirent ainsi aux maîtres non pourvus du diplôme légal de l'obtenir. Au 1er Octobre 1884, dernier délai pour l'application de la loi, le nombre des Instituteurs et des Institutrices à remplacer fut insignifiant (quatre).

L'année 1881, vit fonctionner pour la première fois l'examen du certificat d'aptitude pédagogique. Cet examen, d'abord uniquement accessible à l'élite du personnel, est devenu beaucoup plus facile à la suite de la Loi du 30 Octobre 1886.

Pour permettre aux Adjoints et Adjointes de devenir titulaires, les Règlements organiques du 18 Janvier 1887, avaient dispensé de l'écrit tous ceux qui, au moment de la promulgation de la loi, comptaient 5 ans de services. En 1887 et 1888, le nombre de candidats est très élevé. Mais à partir de 1889, l'examen rentre dans une période normale.

Nous avons consigné dans le tableau suivant les résultats de l'examen dont il s'agit.

Certificat d'aptitude pédagogique.

ANNÉES.	NOMBRE DE CANDIDATS PRÉSENTÉS			NOMBRE DE CANDIDATS REÇUS		
	Instituteurs.	Institutrices.	TOTAL.	Instituteurs.	Institutrices.	TOTAL.
1881......	3	»	3	1	»	1
1882.....	19	6	25	1	2	3
1883.....	12	4	16	3	1	4
1884.....	10	4	14	4	1	5
1885.....	5	»	5	3	»	3
1886.....	40	10	50	8	3	11
1887.....	204	64	268	137	45	182
1888.....	118	78	196	66	49	115
1889.....	34	16	50	8	6	14
1890.....	27	18	45	15	12	27
TOTAUX.....	472	200	672	246	119	365

Nous avons fait connaître que les mêmes causes qui augmentent ou diminuent le nombre des candidats aux brevets augmentent ou diminuent aussi le nombre de postulants aux fonctions d'Instituteur et d'Institutrice.

Le second a toujours marché à peu près parallèlement au premier et, s'il a augmenté comme l'autre à partir de 1876, il a commencé à baisser dès 1887. Les chiffres suivants font ressortir le mouvement décroissant qu'il a subi depuis cette date.

Nombre de postulants et de postulantes inscrits à l'Inspection Académique de l'Hérault.

	Postulants.	Postulantes	Total.
Au 30 Octobre 1886...	308	468	776
Au 15 Juin 1887...	307	483	790
Au 31 Décembre 1890...	14	112	126

On sait déjà quelle était en 1871 la situation matérielle des Instituteurs et quelles étaient les conséquences qui en résultaient. On ne pouvait avoir de bons maîtres qu'à la condition de les payer convenablement. Quelques communes riches votaient des allocations supplémentaires ; mais les petites communes, les plus pauvres et malheureusement les plus nombreuses, n'assuraient aux Instituteurs, en dehors du Secrétariat de Mairie, faiblement rétribué, aucun avantage accessoire. Dans ces localités, l'Instituteur et l'Institutrice devaient se contenter du minimum légal, tel qu'il était établi par la Loi du 10 Avril 1867.

La Loi du 19 Juillet 1875, si elle ne donnait pas encore entièrement satisfaction au personnel, fut un progrès considérable. Elle releva moralement et pécuniairement la fonction d'Instituteur. Tout en maintenant les avantages de la Loi du 10 Avril 1867 au sujet de la rétribution scolaire, la nouvelle loi assurait aux maîtres pour qui cette rétribution était insignifiante, un traitement minimum bien supérieur à celui de la Loi Duruy.

La Loi de 1875 entraîna aussi le changement du mode de payement. Le mandatement avait été fait jusqu'alors par les Maires ; ce qui était pour l'Instituteur la source d'ennuis de toute nature, surtout lorsqu'il n'entretenait pas des relations très cordiales avec le premier Magistrat municipal. Le personnel fut payé, à partir du 1er Janvier 1876, par les soins de l'Inspection Académique et de la Préfecture. De plus le payement, de trimestriel qu'il était, devenait mensuel. Cette amélioration dont M. Courcière, Inspecteur d'Académie, avait signalé la nécessité à l'Administration préfectorale, était ardemment désirée. « Certains Instituteurs, disait l'Inspec- » teur d'Académie, restent plus de six mois sans rien toucher. »

Pour assurer le fontionnement de l'organisation nouvelle, le Conseil Général, dans sa Session du mois d'Août 1876, votait le traitement d'un Commis auxiliaire d'Inspection Académique qui devait être spécialement chargé de la comptabilité de l'Instruction primaire.

En 1874, le montant total des traitements avait atteint 698,488 fr., ce qui faisait ressortir à 791 fr. le traitement moyen. Mais à dater de ce moment, les suppléments facultatifs votés par les communes deviennent plus nombreux et plus importants.

Après 1878, les Conseils municipaux, stimulés par le pouvoir central, améliorent presque partout la situation des maîtres. On fait moins pour les Institutrices ; néanmoins elles bénéficient, dans beaucoup de localités, des bonnes dispositions de l'Administration locale.

Les chiffres ci-après montrent la marche ascendante des revenus des Instituteurs et des Institutrices (1).

ANNÉES.	TRAITEMENTS fixes.	REVENUS supplémentaires (non soumis aux retenues).	TOTAL des RESSOURCES.	MOYENNE des ressources
1878......	868.106ᶠ	60.612ᶠ	928.718ᶠ	1.037ᶠ
1879......	889.427	65.413	954.840	1.038
1880	971.234	72.218	1.043.472	1.134
1881......	1.082.570	69.933	1.152.503	1.155
1882... ..	1.118.216	97.246	1.215.462	1.195
1883... ...	1.137.670	150.893	1.288.563	1.237
1884......	1.083.863	259.992	1.343.855	1.269
1885......	1.097.280	283.523	1.380.803	1.292

(1) Les traitements des maîtresses des écoles maternelles ne sont pas compris dans ces chiffres. Ce n'est, du reste, qu'à partir de 1882 que ces maîtresses ont été mandatées par l'État.

On remarque dans ce tableau, qu'à partir de 1884 il y a une diminution dans le montant des traitements fixes, tandis qu'il y a une augmentation considérable des revenus supplémentaires. C'est qu'au cours de cette année les traitements furent tous ramenés au taux légal, c'est-à-dire au chiffre garanti par la Loi du 16 Juin 1881 et que, de ce moment, les suppléments facultatifs votés par les communes cessèrent de subir les retenues pour pensions civiles.

De 1886 à 1889, les revenus du personnel restent à peu près stationnaires. On ne constate qu'une légère augmentation provenant des promotions de classe effectuées en vertu de la Loi du 19 Juillet 1875.

En 1890, où la Loi du 19 Juillet 1889 reçoit un commencement d'application, les traitements augmentent.

Le montant total des sommes payées par l'État atteint pour cette année 1890, 1,246,379 fr. 79 c. Si on y ajoute les indemnités de résidence et les allocations diverses votées par les Conseils municipaux, le total des revenus atteint 1,500,000 fr. et la moyenne 1,325 fr. environ.

Lorsque la Loi du 19 Juillet 1889 aura été intégralement appliquée, cette moyenne approchera de 1,500 fr.

Le Conseil Général avait lui aussi fait des sacrifices importants en faveur des Instituteurs et des Institutrices. Les crédits qui figurent au Budget du département en témoignent. Dans celui de 1890, nous relevons :

« Secours aux anciens Instituteurs, anciennes Institutrices et aux veuves d'Instituteurs 2.500ᶠ

» Traitement d'un Instituteur suppléant et d'une Institutrice suppléante. 2.400

» Frais de déplacement des Instituteurs suppléants et des Institutrices suppléantes. 1.200

» Indemnités aux Instituteurs qui examinent les candidats au certificat d'études primaires 1.600

» Publication du *Bulletin de l'Instruction primaire* envoyé gratuitement aux écoles publiques. . .   1.200

» Encouragement aux Instituteurs qui déploient le plus de zèle en faveur des Caisses d'épargne scolaire. .   500

» Secours aux Instituteurs et Institutrices en exercice et dans une position malheureuse. 1.500

» Primes aux Instituteurs qui ont préparé les meilleurs candidats aux Écoles Normales.......... 500

» Complément au taux légal des traitements des Institutrices placées dans les communes de moins de 400 âmes..... ....·.................... 12.000

» Caisse de secours aux Instituteurs........... 600

» Frais de déplacement aux Instituteurs qui changent de résidence. 1.000

IV. — Institutions auxiliaires.

Cours d'adultes.

Statistique des cours d'adultes de 1871 à 1890.

ANNÉES.	NOMBRE DE COURS			NOMBRE DES ÉLÈVES fréquentant ces cours.	OBSERVATIONS.
	pour hommes.	pour femmes.	TOTAL.		
1871.....	291	37	328	6.544	La part contributive du département dans la dépense est de 15.0 0 fr.
1875.....	267	34	304	7.298	Les cours ont coûté aux communes, au département et à l'État la somme totale de 30.698 fr.
1877.....	216	25	241	5.927	La dépense se décompose de la manière suivante: Communes .... 19.896ᶠ Département .. 11.130 } 31.926ᶠ État........... 3.900
1880.....	233	58	291	6.489	
1882.....	217	62	279	6.594	La dépense se décompose de la manière suivante : Communes .... 21.296ᶠ Département .. 11.525 } 47.524ᶠ État........... 14.703
1885.....	98	18	116	2.375	
1888.....	77	24	101	1.878	Dépense totale : 12.610 fr.
1890.....	61	19	80	1.663	

Les cours d'adultes, en 1871, étaient prospères. L'État, le département et les communes votaient des sommes importantes pour la rétribution des maîtres. Ces sacrifices étaient du reste justifiés par le nombre des élèves qui suivaient les cours dont il s'agit.

Cette situation se maintint à peu près jusqu'en 1882. Il y eut toutefois une crise passagère en 1876 où le nombre de cours tomba à 184 (172 pour hommes et 12 pour femmes). C'était une perte de 117 cours sur l'année précédente. Cette crise était due à une circulaire ministérielle qui rappelait que l'État ne devait favoriser l'ouverture des cours d'adultes que dans les communes dont les sacrifices pour cet objet étaient suffisants.

Après 1882 l'institution des cours d'adultes est en décadence. L'État qui avait donné jusqu'à 15.000 fr. de subvention se montre plus difficile dans la répartition de ses fonds ; le nombre des élèves, dans les cours qui se maintiennent, diminue rapidement.

Le département, jugeant que les résultats obtenus ne répondent pas à la dépense qu'il s'impose, supprime bientôt de son Budget le crédit qui y était inscrit.

Enfin le Décret et l'Arrêté du 22 Juillet 1884 viennent porter le dernier coup.

Voici ce que nous écrivions à ce sujet, à la fin de 1887, dans un journal pédagogique :

« Le Décret et l'Arrêté du 22 Juillet 1884, dont les principales
» dispositions sont maintenues dans les règlements organiques du
» 18 Janvier 1887, ont tué — le mot n'est pas trop fort — les
» cours d'adultes. En compliquant les formalités à remplir pour
» l'ouverture de ces cours et en exigeant des conditions presque
» impossibles pour participer aux subventions de l'État, la nouvelle
» réglementation a découragé les Conseils municipaux et empêché
» les Instituteurs de faire l'école du soir. »

La conséquence du Décret et de l'Arrêté du 22 Juillet 1884 avait été, en effet, de faire tomber à moins de 100 fr. la subvention totale accordée par l'État.

Depuis 1885, c'est à peine s'il y a eu tous les ans un cours d'adultes remplissant toutes les conditions pour avoir droit à une allocation du Gouvernement.

L'utilité des cours d'adultes est actuellement moins évidente qu'il y a vingt ans. C'est peut-être là la raison pour laquelle les pouvoirs publics semblent n'attacher aujourd'hui qu'une importance secondaire à cette institution.

Bibliothèques scolaires. — Les bibliothèques scolaires, moins anciennes au point de vue légal que les cours d'adultes, remontent cependant assez haut. La Loi du 15 Mars 1850 (art. 56) les rangeait parmi les institutions susceptibles d'être subventionnées par le Ministère.

Leur organisation fut définitivement réglée par l'Arrêté du 1er Juin 1862.

Rien ne signale l'existence des bibliothèques scolaires dans l'Hérault avant 1864. Au cours de cette année, il s'en crée quelques-unes, mais les premiers efforts s'arrêtent bientôt.

L'Inspecteur d'Académie constatait, en 1871, que malgré les encouragements de l'État et les concessions de livres du Ministère, cette institution ne se développait pas. On ne comptait à ce moment que 35 bibliothèques avec 2,238 volumes; le nombre des prêts s'élevait à peine à 1,200.

Pendant les trois années suivantes, la situation reste la même. Il y a seulement une légère augmentation dans le nombre des lecteurs.

En 1875, 18 bibliothèques nouvelles se créent. Quatre ans plus tard, on trouve 99 bibliothèques avec 8,318 ouvrages et 6,308 prêts.

A partir de 1880, l'œuvre se développe régulièrement. Les communes votent des crédits pour l'achat de livres, des particuliers généreux et dévoués à l'instruction populaire donnent des volumes ou de l'argent, le Ministère, de son côté, multiplie ses concessions de livres en même temps qu'il récompense les bibliothécaires les plus actifs et les plus zélés. Le nombre des prêts monte d'une manière rapide et justifie les sacrifices que font les communes et l'État.

Le tableau ci-après permet de juger d'un coup d'œil l'essor pris par cette institution dans l'espace des dix dernières années :

(Suit le tableau).

ANNÉES.	NOMBRE de bibliothèques	NOMBRE d'ouvrages.	NOMBRE DE PRÊTS.	MONTANT des dons des particuliers.	MONTANT des sommes votées par les Conseils municipaux
1880. ...	122	11.193	9.195	» (1)	» (1)
1882.....	193	17.419	17.044	1.539' 40c	2.708' 70c
1884	266	24.115	25.028	913 55	4.814 25
1886. ...	318	26.925	34.123	659 85	6.523 25
1888.....	346	30.879	44.115	407 60	5.054 75
1890.....	370	34.665	38.178	550 55	3.758 20

Caisses d'épargne scolaire. — L'institution des Caisses d'épargne scolaire a été importée de l'étranger. Elle fonctionnait en Belgique, en Hollande et en Allemagne avant qu'elle ne fût connue en France.

Cette œuvre n'apparaît dans le département de l'Hérault qu'après 1870, sous l'administration de M. Duval-Jouve, Inspecteur d'Académie. Il semble même qu'on ait eu quelques difficultés à l'organiser.

Au 31 Décembre 1875, on comptait dans tout le département, 52 caisses avec 1,176 déposants et un avoir total de 5,624 fr. 80 c.

L'année suivante accusait un progrès sensible : 70 caisses, 1,646 livrets et 8,835 fr. 64 c. versés.

La cause des Caisses d'épargne semble désormais gagnée.

Cinq ans plus tard, c'est-à-dire en 1881, on trouve 233 caisses, 5,349 livrets et 92,806 fr. 05 c. versés.

Cette marche rapide n'a pas malheureusement continué, malgré une allocation de 500 fr. accordée généreusement par le Conseil Général à l'effet de récompenser chaque année les maîtres et maîtresses qui font le plus d'efforts pour propager chez les élèves les habitudes d'épargne. Ainsi que le montre le tableau ci-dessous, il y a eu, après 1886, un léger mouvement de recul. Il est regrettable qu'il n'y ait pas encore une Caisse d'épargne dans chaque école.

---

(1) Le montant des dons des particuliers en 1880, pas plus que celui des allocations communales, n'a pu être établi.

ANNÉES.	NOMBRE DE CAISSES.	NOMBRE DE LIVRETS.	TOTAL DES SOMMES INSCRITES sur ces livrets.
1884...........	272	5.615	129.100'71ᶜ
1886.........	306	5.995	144.514 54
1888.........	284	5.495	142.842 43
1890.........	272	5.501	157.228 91

Musées scolaires. — Ils n'ont jamais eu d'existence légale, bien qu'ils soient indispensables pour donner un bon enseignement. Le nom est un peu nouveau, mais la chose existe depuis longtemps : le premier Instituteur qui a compris l'efficacité des leçons de choses ou de l'enseignement par l'aspect et qui a réuni quelques-uns des objets dont il avait à parler au cours de ses leçons, a créé un musée scolaire.

Les collections dans les écoles du département de l'Hérault étaient fort rares avant 1877. Elles n'avaient jamais été recensées. On ne peut savoir au juste, par suite, quel en était le nombre. Il ne devait guère cependant dépasser 50.

Dès 1878 les Instituteurs, encouragés par l'Administration académique et par leurs Inspecteurs primaires, réunissent des échantillons de toute nature et organisent d'une façon sérieuse les musées scolaires. Quelques communes votent des fonds pour l'acquisition d'objets et le Conseil Général concède des vitrines.

En 1880 plus de cent écoles avaient leur musée. Il est vrai qu'il était plus ou moins riche; mais, dans tous les cas, le premier effort était fait. Le temps et le zèle des maîtres devaient compléter l'œuvre commencée.

Dans les années qui suivent, le nombre des musées scolaires augmente régulièrement. Il dépasse le chiffre de 300 en 1890. Voici d'ailleurs comment M. l'Inspecteur d'Académie s'exprime au sujet de cette institution dans son Rapport au Conseil Général (1) :

_____

(1) Rapport de 1890.

« Les musées scolaires continuent à rendre d'utiles services. Nos
» Instituteurs et nos Institutrices qui ont constitué eux-mêmes la
» plupart de ces musées et recueilli patiemment les divers objets
» qu'ils renferment, savent tirer de cette institution le meilleur parti
» possible. Le nombre des musées scolaires est de 309, dont 154
» dans les écoles de garçons, 95 dans les écoles de filles, 42 dans
» les écoles mixtes et 18 dans les écoles maternelles. »

Certificat d'études primaires. — Le tableau ci-après donne
les résultats des examens du certificat d'études primaires de 1877
à 1890 :

ANNÉES.	ASPIRANTS		ASPIRANTES	
	PRÉSENTÉS	REÇUS.	PRÉSENTÉES.	REÇUES.
1877......	453	272	187	92
1878......	615	298	167	75
1879	562	352	190	133
1880......	673	486	302	234
1881......	738	555	441	356
1882......	903	691	572	443
1883......	1.014	752	735	571
1884.... .	982	794	749	550
1885......	905	734	689	577
1886......	888	721	664	576
1887......	983	833	676	544
1888.'....	1.042	858	667	531
1889......	936	768	726	618
1890......	974	836	707	616
TOTAUX.....	11.668	8.678	7.442	5.824

La nécessité d'organiser un examen susceptible d'entretenir une émulation salutaire entre les enfants et entre les maîtres avait frappé depuis longtemps l'esprit de tous les hommes s'occupant de l'enseignement primaire. En instituant les concours cantonaux le Ministère de l'Instruction publique, sous l'Empire, n'avait pas obéi à une autre pensée. Mais ces concours devaient durer fort peu dans l'Hérault. Ils avaient du reste plus d'inconvénients que d'avantages, car les Instituteurs, pour y briller, sacrifiaient volontiers toute leur école à quelques élèves d'élite.

Ce qu'il fallait c'était un examen qui fût accessible à la plus grande partie des élèves et auquel toute école bien dirigée pût mener sans préparation spéciale.

L'institution du certificat d'études primaires est due à M. Duruy qui, par sa circulaire du 20 Août 1866, créa officiellement l'examen et le diplôme (1). Mais les instructions du Ministre libéral de l'Empire n'avaient pas un caractère impératif; elles ne constituaient qu'une indication et qu'un conseil. L'Administration départementale était laissée libre de les appliquer quand elle le jugerait à propos.

Dans l'Hérault, l'examen ne fut organisé qu'en 1877, par Arrêté préfectoral du 4 Avril. Il a subi depuis quelques modifications de détail, mais il n'a pas cessé d'être en faveur. Aujourd'hui on peut dire qu'il est entré définitivement dans nos mœurs scolaires. Il constitue d'ailleurs un stimulant sérieux pour les maîtres et les élèves sans cependant nuire, comme les anciens concours cantonaux, à la marche normale et harmonique de l'école.

L'examen du certificat d'études primaires est actuellement réglé par l'Arrêté ministériel du 18 Janvier 1887 (dispositions additionnelles du 24 Juillet 1888).

Caisses des écoles. — Instituées par l'article 15 de la Loi du 10 Avril 1867 et recommandées instamment par M. Duruy dans sa circulaire du 12 Mai 1867, les caisses des écoles ne donnent d'abord pas de résultats. Les Conseils municipaux s'en désintéressent.

Jusqu'en 1881, cette institution n'existe pour ainsi dire que dans la loi. En fait, elle ne fonctionne presque pas dans l'Hérault, ainsi

---

(1) Dans le Règlement scolaire du 15 Avril 1836, art. 18, il est bien question d'un certificat d'études délivré après examen; mais cet examen ne concernait que les élèves d'une même école et ne pouvait par conséquent avoir les effets et les avantages du certificat d'études primaires actuel.

5

que le signale le Rapport de l'Inspecteur d'Académie au Conseil Général.

Ce n'est qu'à partir de 1883, après la Loi du 28 Mars 1882, que les caisses des écoles se créent et s'organisent. Elles ont subi depuis, quant à leur nombre et à leurs ressources, diverses fluctuations que le tableau suivant met en relief.

ANNÉES.	NOMBRE de CAISSES.	RECETTES DE L'EXERCICE.	DÉPENSES DE L'EXERCICE.	SOLDE EN CAISSE en fin d'exercice.
1883...	110	47.998	38.528 12	9.469 88
1884...	98	55 437 15	42.171 40	13.205 75
1885...	90	65.756 04	45.961 47	19.794 57
1886...	114	68.836 64	50 867 15	17.969 49
1887...	90	51.564 37	37.757 95	13.806 42
1888...	87	51.419 85	39.148 11	12.271 74
1889...	83	38.141 53	32.227 46	5.914 07
1890...	79	36.972 31	25.480 48	11.491 83

Il résulte de ce tableau que les caisses des écoles ont éprouvé depuis quelques années un mouvement de recul. « Ce mouvement » rétrograde, dit M. l'Inspecteur d'Académie dans son Rapport annuel » de 1890 sur la situation de l'enseignement primaire, n'est pas » particulier au département de l'Hérault. Il est général, ainsi que » le constatent les documents publiés par le Musée pédagogique, où » il est établi que cette institution est en souffrance et qu'il y a un » ralentissement marqué dans ses progrès. »

Sociétés du Sou des Écoles laïques. — M. l'Inspecteur d'Académie, signalant en 1881 le peu de succès obtenu jusqu'alors par les caisses des écoles, faisait connaître qu'on échange il s'était fondé en divers endroits des Sociétés dites du Sou des Écoles laïques.

Ces sociétés n'ayant pas d'existence légale et étant constituées en dehors de l'Administration universitaire, n'ont fait l'objet d'aucune statistique d'ensemble, de sorte qu'il n'est pas possible d'être fixé d'une manière précise sur leur nombre ni sur leur fortune. Tout ce que nous savons, c'est qu'en 1885 il y avait 21 sociétés de ce genre dans le département et qu'actuellement il n'en existe que dans les localités les plus importantes.

La société la plus riche, qui compte le plus d'adhérents et qui fait le plus de bien, est sans contredit celle de Montpellier.

Conférences et Bibliothèques pédagogiques. — M. Duruy avait recommandé les conférences cantonales d'Instituteurs. M. Duval-Jouve, Inspecteur d'Académie à Montpellier, en exposait l'utilité à l'Administration préfectorale en 1871 ; mais ce n'est qu'en 1873, qu'elles commencent à fonctionner. 16 Conférences ont lieu au cours de cette année, savoir : Castries, Mauguio, Lunel, Claret, St-Martin-de-Londres, Béziers, Les Matelles, Lunas, Frontignan, Mèze, St-Chinian, Olargues, Gignac, Aniane, St-Pons et Olonzac.

De ce moment les conférences pédagogiques s'organisent d'une manière régulière et ne tardent pas à fonctionner dans tous les cantons. Quelques années après, en 1877, l'Administration académique reconnaissait qu'elles donnaient déjà les meilleurs résultats. Il y eut parfois, dans la même année jusqu'à 3 conférences pour certains cantons.

Depuis 1884, les Instituteurs et Institutrices se réunissent régulièrement deux fois par an en conférence pédagogique. Les opinions les plus diverses en matière d'éducation et d'enseignement peuvent être exposées dans ces réunions ; mais il est à remarquer que les conclusions adoptées ont toujours été empreintes d'un esprit pratique remarquable. Actuellement il n'est guère de question se rattachant directement ou indirectement à l'enseignement primaire qui n'ait été traitée dans les conférences pédagogiques.

Pour rendre ces réunions fructueuses et permettre au personnel de perfectionner son instruction et son éducation professionnelles, il fallait instituer à côté une bibliothèque où chacun pourrait trouver les ouvrages de pédagogie utiles à consulter.

Les premières bibliothèques pédagogiques furent créées en 1875. Elles n'eurent d'abord pour toute ressource que le produit des cotisations du personnel.

Quelques années plus tard le Conseil Général accorda une subvention de 1,000 francs qui a été renouvelée chaque année. Grâce à cette libéralité il put être créé une bibliothèque dans tous les chefs-lieux de canton où les Instituteurs se réunissent en conférence pédagogique, et le fonds de chacune a pu aussi être augmenté dans la suite.

Les chiffres ci-après permettent d'apprécier le mouvement des bibliothèques pédagogiques.

	1884.	1886.	1888	1890.
Nombre de bibliothèques	27	28	27	27
Nombre de livres de lecture ...	6.800	7.993	9.002	9.323
Nombre de prêts.............	40	47	46	51

Société de secours mutuels. — La Société de secours mutuels des Instituteurs et des Institutrices de l'Hérault fut reconnue officiellement par Décret du 20 Mars 1869. La séance générale d'inauguration eut lieu le 29 Avril de la même année, sous la présidence de M. Duval-Jouve, Inspecteur d'Académie.

La Société comptait au début 193 adhérents.

Voici sa situation par périodes quinquennales.

De 1869 à 1874.

Sommes \ en secours........   843' 50° \
distribuées / en retraites....... 3.591 50 \ 4.434' »

Situation au 21 Mai 1874: 165 membres; avoir net: 10.806 fr. 10 c.

De 1874 à 1879.

Sommes \ en secours........ 1.386' » \
distribuées / en retraites....... 6.266 » \ 7.652' »

Situation au 18 Mai 1879: 210 membres; avoir net: 16.847 fr. 15 c.

De 1879 à 1884.

Sommes \ en secours.......... 1.365' » \
distribuées / en retraites....... 4.666 65 / 6.031' 65°

Situation au 10 Juillet 1884: 180 membres; avoir net: 25.454 fr.

De 1884 à 1889.

Sommes \ en secours........ 4.098' » \
distribuées / en retraites .... 3.052 30 / 7.150' 30'

Situation au 8 Juin 1889: 275 membres; avoir net: 33.763 fr. (1).

La Société de secours mutuels des Instituteurs, depuis quelques années, s'est développée d'une manière rapide.

Elle accorde aujourd'hui à ses membres malades, pendant 3 mois au maximum, 3 fr. par jour lorsqu'ils sont suppléés à leurs frais, et 1 fr. quand ils conservent l'intégralité de leur traitement. sans préjudice de la retraite à laquelle chaque sociétaire a droit dès que sa pension de l'État est liquidée. Elle accorde aussi une indemnité de 100 fr. pour frais funéraires aux familles des sociétaires décédés et distribue des secours annuels aux sociétaires malheureux et hors d'état de travailler.

Cette société soulage bien des misères. Les Instituteurs et les Institutrices qui en font partie font œuvre de prudence, de prévoyance et de solidarité. En présence des avantages considérables qu'elle assure à ses adhérents, il est permis d'espérer que tout le personnel de l'enseignement primaire public, sans exception, en fera partie dans l'avenir.

VII. — Enseignement.

Le département de l'Hérault ne manquait certes pas de bons Instituteurs bien avant 1870 ; mais il y en avait néanmoins beaucoup de médiocres. Si l'on tient compte du nombre de ces derniers, de la mauvaise installation scolaire, du manque presque complet des accessoires qui rendent les leçons intéressantes et fructueuses, on comprendra que, dans l'ensemble, l'enseignement en 1870 laissât à désirer comme résultats.

C'est surtout dans les écoles de filles qu'il y avait à faire. L'Administration académique, dans un Rapport officiel de 1871, reconnaissait d'ailleurs que le personnel des Institutrices , au point de vue de l'aptitude, était insuffisant.

---

(1) En 1893, au moment de la publication de notre travail, la Société, dont les nouveaux statuts ont été homologués le 9 Décembre 1891, compte 606 membres et son avoir net s'élève à 46.614 fr. 73 c.

En 1875 la situation n'avait guère changé. L'opinion de l'Inspecteur d'Académie d'alors, telle qu'elle résulte de son Rapport au Conseil Général, peut se résumer ainsi. *Bonnes écoles dans les grandes villes qui possèdent les meilleurs maîtres. — L'enseignement presque partout ailleurs est en retard. — On se sert encore trop des vieilles méthodes et on néglige les classes inférieures. — Écoles de filles laissent beaucoup plus à désirer que celles de garçons.*

M. l'Inspecteur d'Académie, dans ce même Rapport, énumérait les avantages que présenterait la publication d'un Bulletin départemental distribué gratuitement à tous les maîtres et leur portant, avec les faits et documents intéressant l'enseignement primaire, les instructions spéciales de leurs chefs. Il demandait en même temps les fonds nécessaires pour cette publication. L'année suivante le Bulletin commençait à paraître.

Déjà le mouvement qui devait être si fécond quelques années plus tard se dessinait partout en faveur des écoles. On a vu précédemment comment plusieurs institutions auxiliaires avaient été organisées à cette époque. Stimulés par leurs chefs, encouragés par bon nombre de Municipalités et par le Conseil Général, les Instituteurs devaient nécessairement redoubler de zèle et d'ardeur. Aussi, en 1877, l'Administration scolaire constatait avec plaisir que le niveau des études tendait à s'élever partout. Mais elle signalait aussi une lacune regrettable dans l'enseignement primaire de l'Hérault : c'était l'absence complète des écoles que la Loi de 1833 désignait sous le nom d'écoles primaires supérieures. Il restait bien cependant quelques vestiges de ces établissements dans certaines classes des frères et dans quelques écoles laïques ; mais nulle part on ne trouvait un programme arrêté, un but précis.

Après 1877 les résultats de l'enseignement deviennent de plus en plus satisfaisants. Le fonctionnement des examens du certificat d'études, la création de deux postes nouveaux d'Inspecteur primaire, l'action énergique imprimée par le pouvoir central, la refonte des anciens programmes, l'emploi de méthodes plus rationnelles vivifient l'enseignement dans toutes les écoles. L'enseignement primaire supérieur s'organise officiellement à Montpellier et à Béziers.

On était dans la bonne voie, et M. l'Inspecteur d'Académie, en 1881, comme conclusion de son Rapport annuel, pouvait dire : « Le » département de l'Hérault a suivi avec ardeur et non sans succès

» l'heureuse impulsion donnée à l'instruction primaire par le Gouver-
» nement de la République. »

Il ne restait plus qu'à continuer le mouvement commencé.

Divers faits ou diverses manifestations scolaires ont montré que ce mouvement favorable ne s'est pas arrêté depuis.

L'exposition scolaire qui eut lieu à Montpellier en 1885 mit en relief la solidité et l'étendue de l'enseignement primaire du département de l'Hérault, ainsi que sa bonne organisation et la valeur de ses méthodes et de son personnel. D'autres expositions organisées dans les départements voisins et enfin l'Exposition Universelle de 1889, à laquelle nos écoles ont été honorablement représentées, n'ont fait que confirmer les heureux résultats qu'accusait celle de 1885.

Il y a encore d'autres éléments qui permettent d'apprécier dans son ensemble la valeur de l'enseignement primaire.

Dans le concours de géographie institué chaque année par la Société languedocienne entre les élèves des Écoles Normales du ressort de l'Académie de Montpellier, c'est le département de l'Hérault qui tient la première place comme le montre le tableau suivant (1) :

Résumé des résultats du concours de géographie pendant la période de 1880 à 1890 (2).

ÉCOLES.	INSTITUTEURS		INSTITUTRICES		TOTAL des récompenses.
	PRIX.	MENTIONS.	PRIX.	MENTIONS.	
Carcassonne........	5	3	»	1	9
Montpellier	3	4	4	2	13
Mende	3	4	1	1	9
Nîmes.............	»	6	3	2	11
Perpignan	»	1	1	5	7

(1) Ce tableau est extrait du *Bulletin de la Société languedocienne de Géographie* (année 1889-1890). Rapport de M. Pouchet sur les résultats du concours de géographie de 1878 à 1890.

(2) Le concours pour les Écoles Normales d'Institutrices n'a été institué qu'en 1882.

L'Hérault ne tient pas seulement un rang honorable parmi les départements voisins, il le tient aussi parmi tous les départements de France si l'on en juge par l'instruction des conscrits.

Il n'y a eu pour la classe de 1889 que 24 conscrits illettrés sur 3,024, soit moins de 1 p. %. C'est la proportion la plus faible d'après le compte rendu sur le recrutement de l'armée publié par le Ministère de la Guerre. Le département de l'Hérault serait donc au premier rang pour l'instruction.

Cet heureux résultat a attiré l'attention de publicistes éminents : M. Jules Simon, notamment, l'a signalé un des premiers dans le journal *Le Matin*, et en a conclu que l'enseignement primaire était, dans l'Hérault, plus prospère que partout ailleurs.

Pour la classe de 1890 les résultats à ce point de vue sont encore plus satisfaisants, car on n'a compté, sur un total de 3,221, que 21 conscrits ne sachant ni lire ni écrire. Si l'on remarque que parmi ces 21 conscrits, 20 appartiennent à des familles venant des départements voisins et établies depuis quelques années seulement dans l'Hérault, on voit que le nombre des illettrés, pour notre département, se réduit à $\frac{1}{3,221}$, c'est-à-dire à 0 p. %, ou à peu près.

VIII. — Conclusion

La conclusion se dégage de ce que nous venons d'exposer. Le département de l'Hérault recueille en ce moment le fruit des sacrifices qu'il s'est imposés pour le service de l'enseignement primaire : les Municipalités depuis quinze ans ont fait les plus louables efforts pour doter leurs écoles d'un outillage convenable et améliorer dans la mesure du possible la situation des Instituteurs ; le Conseil Général de son côté, ne s'est pas contenté d'encourager les communes dans cette voie ; il a prêché d'exemple, ainsi que le prouvent les divers crédits qu'il vote chaque année ; enfin, l'action puissante de l'État, qui a provoqué ou stimulé les efforts de tous, a couronné l'œuvre.

Est-ce à dire cependant que tout soit parfait et qu'il ne reste plus rien à faire ? Évidemment non.

Nous n'avons pu dans ce modeste travail que dégager les faits et les résultats généraux. Mais dans le détail on trouverait bon nombre de lacunes à combler et d'améliorations à réaliser.

Ce sera la tâche de l'avenir.

J. PÉPIN.

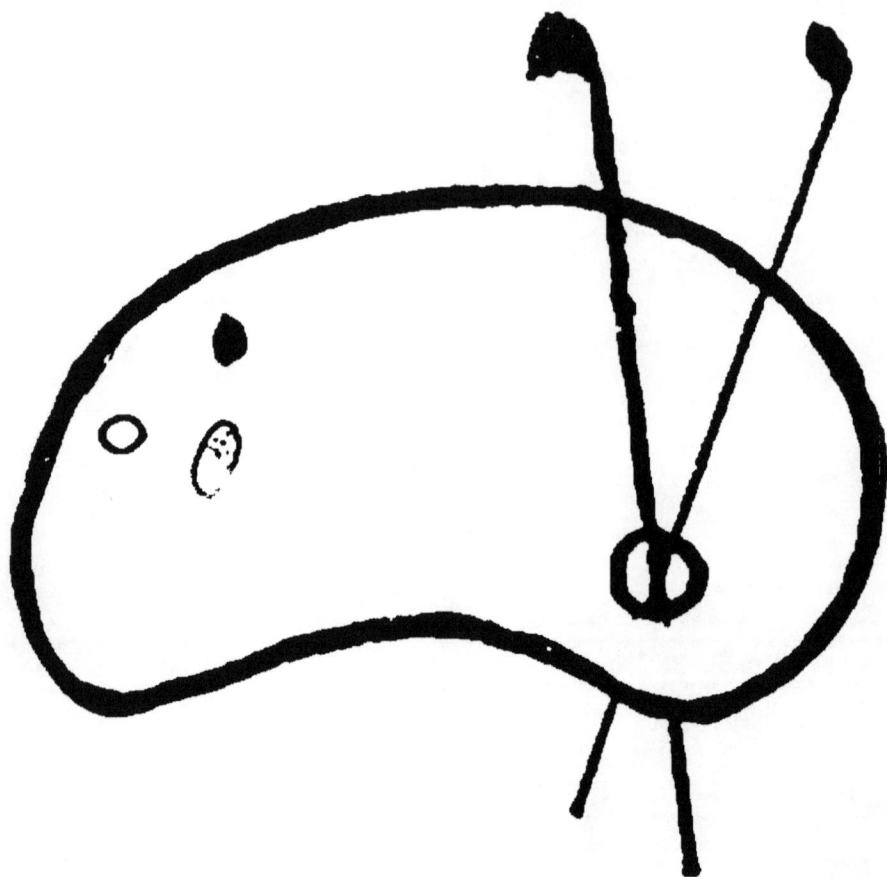

ORIGINAL EN COULEUR
Nº Z 43-120-8

DÉPARTEMENT DE L'HÉRAULT
Carte des Constructions scolaires
effectuées de 1875 à 1890
PAR
P. BOURREL

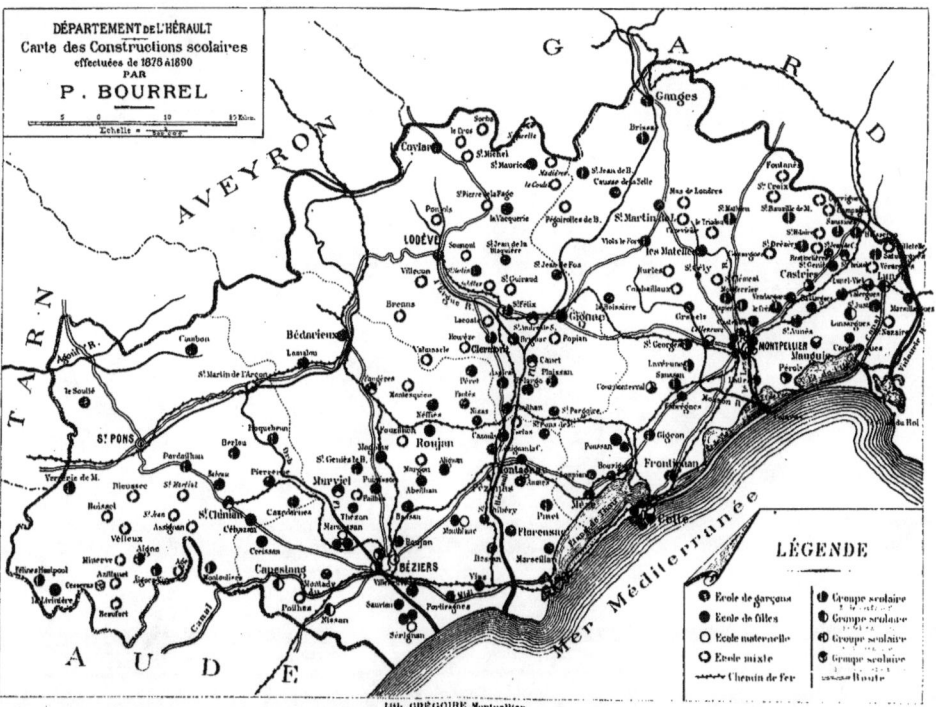

Echelle

LÉGENDE

Ecole de garçons — Groupe scolaire
Ecole de filles — Groupe scolaire
Ecole maternelle — Groupe scolaire
Ecole mixte — Groupe scolaire
Chemin de fer — Route

AVEYRON

GARD

TARN

AUDE

Mer Méditerranée

Ganges
Lodève
Bédarieux
St Pons
St Chinian
Murviel
Roujan
Béziers
Capestang
Clermont
Gignac
Montpellier
Mauguio
Frontignan
Cette
Florensac
Castries
Lunel

Lith. GRÉGOIRE, Montpellier.

(N° 1.)   Situation des Communes au point de vue de la répartition des Écoles publiques.

	ANNÉES.			
	1865.	1870.	1880.	1890.
Population	409.484	427.343	445.043	439.044
Nombre de communes	332	334	336	338
Nombre de communes pourvues d'écoles	347	325	328	332
Nombre de communes réunies pour l'entretien d'une école	9	6	7	6
Nombre de communes sans école	6	3	1	0

Nombre des Écoles.

ANNÉES.	ÉCOLES PRIMAIRES PUBLIQUES.								ÉCOLES PRIMAIRES PRIVÉES.								ÉCOLES MATERNELLES.						TOTAL GÉNÉRAL.
	Laïques.				Congréganistes.				Laïques.				Congréganistes.				Laïques.			Congréganistes.			
	de Garçons.	de Filles.	Mixtes.	Total.	de Garçons.	de Filles.	Mixtes.	Total.	de Garçons.	de Filles.	Mixtes.	Total.	de Garçons.	de Filles.	Mixtes.	Total.	Publiques.	Privées.	Total.	Publiques.	Privées.	Total.	
1865	274	73	71	418	30	77	1	108	100	214	»	314	6	127	»	133	16	52	68	40	33	73	1114
1870	263	90	89	442	30	82	1	113	87	210	4	301	8	139	4	151	15	41	56	47	30	77	1140
1880	280	144	127	551	17	59	»	76	31	127	3	161	30	157	5	192	40	8	48	29	44	73	1101
1890	296	234	159	659	5	27	»	32	25	63	5	93	39	175	5	219	(1) 41	13	54	(1) 7	48	55	1112

(1) La Loi du 30 Octobre 1886 n'a reconnu que les Écoles maternelles des communes ayant plus de 2000 habitants, dont 1200 au moins de population agglomérée. Les Écoles maternelles qui se trouvaient en dehors des prescriptions légales ont été transformées en classes enfantines et sont devenues des annexes de l'École publique de filles. On comprend ainsi que le nombre des Écoles maternelles soit moins élevé en 1890 qu'en 1880.

(N° 3).   Nombre des élèves de toutes les écoles.

ANNÉES.	ÉCOLES PRIMAIRES PUBLIQUES.					ÉCOLES PRIMAIRES PRIVÉES.					ÉCOLES MATERNELLES.					TOTAUX GÉNÉRAUX Écoles.	
	Laïques.		Congréganistes.		TOTAL.	Laïques.		Congréganistes.		TOTAL.	Laïques.		Congréganistes.		TOTAL.		
	de Garçons.	de Filles.	de Garçons.	de Filles.		de Garçons.	de Filles.	de Garçons.	de Filles.		Publiques.	Privées.	Publiques.	Privées.		Publiques.	Privées.
1865	11.679	2.958	6.807	6.842	28.286	4.433	7.078	967	7.888	20.366	1.325	1.834	4.475	1.482	9.116	34.086	23.682
1870	13.904	5.289	8.106	7.230	34.529	3.565	6.123	1.040	8.253	18.981	1.467	1.465	4.709	2.018	9 659	40.705	22.464
1880	19.766	9.352	2.845	4.244	36.207	1.098	4.045	4.956	11.318	21.417	4.577	270	4.631	2.385	11.863	45.415	24.072
1890	19.738	13 567	887	1.634	35.826	981	1.666	6.402	11.753	20.802	6.903	520	1.042	3.606	12.071	43.771	24.928

Personnel enseignant des Écoles.

ANNÉES.	ÉCOLES PRIMAIRES PUBLIQUES.					ÉCOLES PRIMAIRES PRIVÉES.					ÉCOLES MATERNELLES.					TOTAL GÉNÉRAL.
	Instituteurs.		Institutrices.			Instituteurs.		Institutrices.			Publiques.		Privées.			
	Laïques.	Congréganistes.	Laïques.	Congréganistes.	TOTAL.	Laïques.	Congréganistes.	Laïques.	Congréganistes.	TOTAL.	Laïques.	Congréganistes.	Laïques.	Congréganistes.	TOTAL.	
1865.....	335	106	99	183	723	149	58	296	454	957	18	70	57	51	196	1,876
1870.....	358	112	120	192	782	114	58	280	473	925	19	77	47	48	191	1,898
1880.....	516	66	234	104	920	41	125	201	513	880	55	48	10	63	176	1,976
1890	603	22	457	49	1131	39	160	93	539	831	78	13	14	60	165	2,127

Maisons d'écoles publiques.

ANNÉES.	NOMBRE DE MAISONS APPARTENANT AUX COMMUNES.				NOMBRE DE MAISONS LOUÉES.				NOMBRE DE MAISONS PRÊTÉES.			
	Écoles de garçons et écoles mixtes.	Écoles de filles.	Écoles maternelles.	TOTAL.	Écoles de garçons et écoles mixtes.	Écoles de filles.	Écoles maternelles.	TOTAL.	Écoles de garçons et écoles mixtes.	Écoles de filles.	Écoles maternelles.	TOTAL.
1865......	211	61	30	302	159	74	15	248	6	15	11	32
1870......	208	75	32	315	171	83	18	272	4	20	12	36
1880......	244	104	45	393	171	84	19	274	9	15	5	29
1890.	310	166	34	510	114	87	13	214	6	8	1	15

(N° 6).	Nombre des élèves payants et gratuits dans les écoles publiques.		

ANNÉES.	ÉLÈVES		TOTAL.
	PAYANTS.	GRATUITS.	
1865...	13.212	15.074	28.286
1870...	11.777	22.752	34.529
1880...	3.859	32.348	36.207
1890...	»	35.826	35.826

(N° 7).	Montant total des traitements fixes des Instituteurs et des Institutrices publics.	

ANNÉES	TOTAL des TRAITEMENTS.	OBSERVATIONS.
	f c	
1865..	524 825 »	Y compris les traitements des maîtresses des écoles maternelles s'élevant à 35,237 fr.
1870..	633.835 63	Dans ce total ne figurent pas les traitements des maîtresses des écoles maternelles. La somme des traitements en question pour 1870 n'a pu être établie, mais elle ne devait pas dépasser 40,000 fr.
1880..	1.026.772 »	Les traitements du personnel des écoles maternelles sont compris dans ce chiffre pour 55,518 fr.
1890..	1.246.379 79	Y compris les traitements des maîtresses des écoles maternelles.

— 71 —

Titres de capacité du personnel enseignant.

ANNÉES.	INSTITUTEURS.				INSTITUTRICES.				MAÎTRESSES DES ÉCOLES MATERNELLES (1)				TOTAL GÉNÉRAL.
	Brevetés.		Non Brevetés.		Brevetées.		Non Brevetées.		Brevetées.		Non Brevetées.		
	Laïques.	Congréganistes.	Laïques.	Congréganistes.	Laïques.	Congréganistes.	Laïques.	Congréganistes.	Laïques.	Congréganistes.	Laïques.	Congréganistes.	
Enseignement public.													
1880	491	30	25	36	225	24	9	80	45	11	10	37	1.023
1890	600	21	3	1	449	22	8	27	78	8	.	5	1.222
Enseignement privé.													
1880	34	81	7	44	168	126	33	387	8	11	2	52	953
1890	38	148	1	12	91	309	2	230	12	37	2	23	905

(1) Les maîtresses possédant l'ancien certificat d'aptitude à la direction des Écoles maternelles sont considérées comme brevetées.

RÈGLEMENT DES ÉCOLES PRIMAIRES PUBLIQUES

(Approuvé par le Conseil départemental de l'Hérault, dans sa séance du 19 Juin 1890).

L'éducation des enfants étant un des premiers devoirs des parents, envers la Société,

Et la République pourvoyant aux dépenses de cette éducation,

Les écoles primaires sont ouvertes pour en répandre le bienfait et elles sont administrées conformément au Règlement ci-dessous :

RÈGLEMENT.

ARTICLE PREMIER. — Pour être admis dans une école primaire élémentaire, les enfants doivent avoir plus de 6 ans et moins de 13. En dehors de ces limites ils ne pourront être admis sans une autorisation spéciale de l'Inspecteur d'Académie.

Dans les communes qui n'ont ni école maternelle ni classe enfantine, l'âge d'admission est abaissé à 5 ans.

ART. 2. — Tout enfant dont l'admission est demandée doit présenter à l'Instituteur un bulletin de naissance et un certificat médical constatant qu'il a été vacciné ou qu'il a eu la petite vérole et qu'il n'est pas atteint de maladies ou d'infirmités de nature à nuire à la santé des autres élèves.

L'Instituteur doit conserver le bulletin de naissance tant que l'enfant fréquente l'école.

ART. 3. — Les enfants ne pourront, sous aucun prétexte, être détournés de leurs études pendant la durée des classes.

Ils ne seront envoyés à l'église pour les catéchismes ou pour les exercices religieux qu'en dehors des heures de classe et, sur la demande expresse des parents, lorsqu'il y aura une surveillance établie après les heures de classe. L'Instituteur n'est pas tenu de les y surveiller. Il n'est pas tenu davantage de les y conduire.

Toutefois, pendant la semaine qui précède la première communion, l'Instituteur autorisera les élèves à quitter l'école aux heures où leurs devoirs religieux les appellent à l'église.

ART. 4. — Pendant la durée de la classe l'Instituteur ne pourra, sous aucun prétexte, être distrait de ses fonctions professionnelles, ni s'occuper d'un travail étranger à ses devoirs scolaires.

ART. 5. — La garde de l'école est commise à l'Instituteur; il ne permettra pas qu'on la fasse servir à aucun usage étranger à sa destination, sans une autorisation spéciale du Préfet.

Art. 6. — L'école, blanchie ou lessivée tous les ans par la commune, sera tenue dans un état constant de propreté et de salubrité. A cet effet, elle sera balayée et arrosée tous les jours, l'air y sera fréquemment renouvelé; même en hiver, les fenêtres seront ouvertes pendant l'intervalle des classes.

Art. 7. — Le concierge de l'école et tous les gens de service attachés à l'école sont placés sous l'autorité immédiate du Directeur ou de la Directrice.

Art. 8. — Les Maîtres attachés à l'école sont tenus de surveiller les récréations, ainsi que les enfants qui sont punis de la retenue après la classe.

Art. 9. — L'entrée de l'école est formellement interdite à toute personne autre que celles qui sont préposées à la surveillance des écoles par l'Article 9 de la Loi du 30 Octobre 1886.

Art. 10. — Il ne peut être toléré aucune espèce d'animaux domestiques dans les parties de l'école réservées aux enfants.

Art. 11. — Quand l'Instituteur prendra la direction d'une école, il devra, de concert avec le Maire ou son délégué, faire le récolement du mobilier scolaire, des livres de la bibliothèque, des archives scolaires et, s'il y a lieu, de son mobilier personnel et de celui de ses Adjoints.

Le procès-verbal de cette opération, signé par les deux parties, constituera l'Instituteur responsable des objets désignés à l'inventaire.

En cas de changement de résidence l'Instituteur provoquera, avant son départ, un nouveau récolement du mobilier.

Art. 12. — Toute représentation théâtrale est interdite dans les écoles primaires publiques.

Art. 13. — Toute pétition, quête, souscription ou loterie y est également interdite.

Art. 14. — Il est interdit aux Instituteurs et Institutrices publics de recevoir, des élèves ou de leurs parents, aucune espèce de cadeaux.

Art. 15. — Aucun livre ni brochure, aucun imprimé ni manuscrit étrangers à l'enseignement ne peuvent être introduits dans l'école sans l'autorisation écrite de l'Inspecteur d'Académie.

Art. 16. — Un tableau portant le prix de tous les objets que l'Instituteur est autorisé à fournir aux élèves sera affiché dans l'école, après avoir été visé par l'Inspecteur primaire.

Art. 17. — Les classes dureront trois heures le matin et trois heures le soir : celle du matin commencera à huit heures et celle de l'après-midi à une heure; chaque classe sera coupée par une récréation d'un quart d'heure. Toutefois, suivant les besoins des localités, les heures d'entrée et de sortie pourront être modifiées par l'Inspecteur d'Académie, sur la demande du Maire et l'avis de l'Inspecteur primaire.

Art. 18. — Le tableau de l'emploi du temps par jour et par heure est dressé par le Directeur de l'école, conformément aux prescriptions de l'Article 19 de l'Arrêté du 18 Janvier 1887.

6

Après approbation de l'Inspecteur primaire, cet emploi du temps sera affiché dans les salles de classe.

Art. 19. — Les enfants se présenteront à l'école dans un état de propreté convenable. La visite de propreté sera faite par l'Instituteur avant l'entrée en classe.

Les élèves qui ne se présenteront pas en état de propreté pourront être renvoyés à leurs familles. Avis en sera donné à celles-ci par le Directeur.

Art. 20. — Les seules punitions admises dans les écoles publiques sont :

1º Les mauvais points ;

2º La réprimande ;

3º La privation partielle de la récréation ;

4º La retenue après la classe sous la surveillance de l'Instituteur ;

5º L'imposition d'un court devoir supplémentaire dans la famille ;

6º L'exclusion d'un ou deux jours sous la seule responsabilité du Directeur de l'école. Avis en sera donné à la famille, à l'Inspecteur primaire et au Maire.

Dans le cas d'inconduite notoire cette peine pourra être portée de deux à huit jours, avec l'assentiment de l'Inspecteur primaire. Avis en sera donné au Maire et aux parents.

Une exclusion de plus longue durée ne pourra être prononcée que par l'Inspecteur d'Académie.

Art. 21. — Il est absolument interdit d'infliger aucun châtiment corporel.

Il est également interdit aux Instituteurs et Institutrices de tutoyer leurs élèves.

Art. 22. — Les classes vaqueront le jeudi et le dimanche de chaque semaine et les jours fériés.

Art. 23. — Les jours de congés extraordinaires sont :

1º Le Jour des Morts ;

2º Le 1er et le 2 Janvier ;

3º Le Mardi-Gras ;

4º Les jours de fêtes communales dites fêtes patronales ;

5º Le jour et le lendemain de la Fête Nationale ;

6º Il y aura dix jours de vacances à Pâques, du jeudi qui précède au dimanche qui suit.

Art. 24. — L'époque et la durée des vacances sont fixées chaque année par le Préfet en Conseil départemental.

Art. 25. — L'Instituteur ne pourra ni intervertir les jours de classe, ni s'absenter sans y avoir été autorisé par l'Inspecteur primaire et sans avoir donné avis de cette autorisation au Maire.

Si l'absence doit durer plus de trois jours, l'autorisation de l'Inspecteur d'Académie est nécessaire.

Un congé de plus de quinze jours ne peut être donné que par le Préfet. Dans les circonstances graves et imprévues l'Instituteur, sous sa responsabilité, pourra s'absenter sans autre condition que de donner immédiatement avis de son absence au Maire et à l'Inspecteur primaire.

ART. 26. — Les autorités préposées par la loi à la surveillance de l'instruction primaire sont chargées de l'exécution du présent Règlement qui sera applicable dans toutes les écoles de garçons et de filles du département de l'Hérault.

ART. 27. — Les règlements scolaires antérieurs sont abrogés.

RÈGLEMENT DES ÉCOLES MATERNELLES PUBLIQUES.

(Approuvé par le Conseil départemental de l'Hérault, dans sa séance du 19 Juin 1890).

ARTICLE PREMIER. — Tout enfant dont l'admission dans une école maternelle est demandée, doit présenter à la Directrice : 1° un billet d'admission signé par le Maire ; 2° un certificat du médecin, dûment légalisé, constatant qu'il n'est atteint d'aucune maladie contagieuse et qu'il a été vacciné ; et 3° un bulletin de naissance. La Directrice doit garder le bulletin de naissance tant que l'enfant fréquente l'école.

Aucun enfant âgé de plus de 6 ans ne peut être admis ou maintenu sans une autorisation spéciale de l'Inspecteur d'Académie.

ART. 2. — Les écoles maternelles publiques sont ouvertes, du 1er Mars au 1er Novembre, depuis sept heures du matin jusqu'à sept heures du soir ; du 1er Novembre au 1er Mars, depuis huit heures du matin jusqu'à six heures du soir.

Les heures d'entrée et de sortie peuvent être modifiées, pour chaque commune, suivant les convenances locales, sur la demande du Maire, par l'Inspecteur d'Académie.

ART. 3. — Les parents qui négligent de venir chercher leurs enfants aux heures indiquées par les règlements sont avertis. En cas de récidive, l'enfant est rendu à sa famille. L'exclusion toutefois ne peut être prononcée que par l'Inspecteur d'Académie, sur la proposition de la Directrice et après avis du Comité de patronage.

Les parents pourront laisser leurs enfants prendre leurs repas de midi à l'école.

ART. 4. — L'entrée de l'école maternelle est formellement interdite à toute personne autre que celles qui sont préposées par la loi à la surveillance de ces écoles.

ART. 5. — L'école maternelle, blanchie ou lessivée tous les ans par la commune, sera tenue dans un état constant de salubrité et de propreté.

Elle sera balayée et arrosée tous les jours.

L'air y sera fréquemment renouvelé.

ART. 6. — A l'arrivée des enfants à l'école maternelle, la Directrice doit s'assurer par elle-même de leur état de santé et de propreté ; elle exigera que chacun soit pourvu d'un mouchoir de poche et que son panier contienne, outre ses aliments, un couvert et une serviette.

ART. 7. — L'enfant amené à l'école maternelle dans un état de maladie n'est pas reçu. S'il devient malade dans le courant de la journée, il est reconduit chez ses parents, et, en cas d'urgence, envoyé chez le médecin de l'établissement.

Les enfants fatigués ou indisposés sont déposés sur un lit.

ART. 8. — En cas d'absence réitérée d'un enfant, la Directrice s'enquiert des causes de cette absence. Elle en donne, dans tous les cas, avis à la Présidente du Comité de patronage, qui fait visiter, s'il y a lieu, cet enfant dans sa famille.

ART. 9. — Avant d'entrer dans la salle des exercices et à la sortie, les enfants sont conduits en ordre aux lieux d'aisance ; ils y sont toujours surveillés par la Directrice et l'Adjointe.

Avant et après le repas et à l'issue de la récréation, les enfants doivent être conduits aux lavabos.

ART. 10. — Il est donné aux enfants, à titre de récompense, des bons points, des images ou des jouets.

A la fin de chaque mois, les bons points sont échangés contre des images ou des jouets. Sont interdites les distributions de prix.

ART. 11. — Les seules punitions permises sont les suivantes : privation, pour un temps très court, du travail et des jeux en commun ; retrait des bons points.

ART. 12. — Il est interdit de surcharger la mémoire des enfants de dialogues ou scènes dramatiques en vue de solennités publiques.

ART. 13. — Les Directrices d'écoles maternelles publiques tiennent :

1° Un registre matricule ;

2° Un registre sur lequel le médecin inscrit ses observations ;

3° Un carnet destiné au relevé des présences journalières ;

Et 4° Un registre d'inventaire.

Ces registres seront visés par les Inspecteurs et les Inspectrices à chacune de leurs visites.

ART. 14. — Il est interdit aux Directrices et aux Adjointes d'accepter des parents aucune espèce de cadeaux.

ART. 15. — Il ne pourra être introduit dans l'école maternelle aucun livre, aucune brochure ni manuscrit étrangers à l'enseignement.

ART. 16. — Toute pétition, quête, souscription ou loterie, est interdite dans l'école maternelle.

ART. 17. — Il ne peut être toléré aucune espèce d'animaux domestiques dans les parties de l'école maternelle réservées aux enfants.

INSTRUCTIONS relatives aux attributions des Délégués cantonaux.

Extraits de la Loi organique du 30 Octobre 1886.

Art. 9. — L'inspection des établissements d'instruction primaire publics et privés est exercée :

. . . .

5° Par le Maire et les *Délégués cantonaux.*

. . . .

L'inspection des écoles publiques s'exerce conformément aux règlements délibérés par le Conseil supérieur.

Celle des écoles privées porte sur la moralité, l'hygiène, la salubrité et sur l'exécution des obligations imposées à ces écoles par la Loi du 28 Mars 1882. Elle ne peut porter sur l'enseignement que pour vérifier s'il n'est pas contraire à la morale, à la constitution et aux lois.

Toutes les classes de jeunes filles, dans les internats comme dans les externats primaires publics et privés tenus soit par des Institutrices laïques, soit par des associations religieuses cloîtrées ou non cloîtrées, sont soumises, quant à l'inspection et à la surveillance de l'enseignement, aux Autorités instituées par la Loi.

Dans tous les internats de jeunes filles tenus par des Institutrices laïques ou par des associations religieuses cloîtrées ou non cloîtrées, l'inspection des locaux affectés aux pensionnaires et du régime intérieur du pensionnat est confié à des Dames déléguées par le Ministre de l'Instruction publique.

Art. 48. — Le Conseil départemental :

. . . .

Délibère, sur les rapports et propositions de l'Inspecteur d'Académie, des *Délégués cantonaux* et des Commissions municipales scolaires.

. . . .

Art. 52. — Le Conseil départemental désigne un ou plusieurs *Délégués* résidant dans chaque canton pour surveiller les écoles publiques et privées du canton et il détermine les écoles particulièrement soumises à la surveillance de chacun d'eux.

Les Délégués sont nommés pour trois ans. Ils sont rééligibles et toujours révocables. Chaque Délégué correspond tant avec le Conseil départemental, auquel il doit adresser ses rapports, qu'avec les Autorités locales pour tout ce qui regarde l'état et les besoins de l'enseignement primaire dans sa circonscription.

Il peut, lorsqu'il n'est pas membre du Conseil départemental, assister à ses séances avec voix consultative pour les affaires intéressant les écoles de sa circonscription.

Les Délégués se réunissent au moins une fois tous les trois mois au chef-lieu de canton, sous la présidence de celui d'entre eux qu'ils désignent pour convenir des avis à transmettre au Conseil départemental

ART. 54. — La Commission municipale scolaire, instituée par l'Art. 5 de la Loi du 28 Mars 1882, est composée du Maire ou d'un Adjoint délégué par lui, président, d'un des *Délégués* du canton, et dans les communes comprenant plusieurs cantons, d'autant de *Délégués* qu'il y a de cantons désignés par l'Inspecteur d'Académie; de membres désignés par le Conseil municipal en nombre égal, au plus, au tiers des membres de ce Conseil.

....

ART. 57. — Les inéligibilités et les incompatibilités établies par les Articles 32, 33 et 34 de la Loi du 5 Avril 1884 sur l'organisation municipale, sont applicables aux membres des commissions scolaires et des *Délégations cantonales*.

ART. 58. — ....

Dans le cas où, après deux convocations, la Commission scolaire ne se trouverait pas en majorité, elle pourrait néanmoins délibérer valablement sur les affaires pour lesquelles elle a été spécialement convoquée, si le Maire (ou l'Adjoint qui le remplace), l'Inspecteur primaire et le *Délégué cantonal* sont présents.

Extraits du Décret du 18 Janvier 1887.

ART. 136. — Nul ne peut être *Délégué cantonal* s'il n'est Français et âgé de 25 ans au moins.

ART. 137. — Nul chef ou professeur d'un établissement quelconque d'instruction primaire ne peut être *Délégué cantonal*.

ART. 138. — Les *Délégués cantonaux* n'ont entrée que dans les écoles soumises spécialement par le Conseil départemental à la surveillance de chacun d'eux.

Ils communiquent aux Inspecteurs de l'instruction primaire tous les renseignements utiles qu'ils ont pu recueillir.

ART. 139. — Ils peuvent être consultés sur la convenance des locaux que les communes sont obligées de fournir pour la tenue de leurs écoles publiques ;

Sur la fixation du nombre des écoles à établir dans les communes et sur l'opportunité de la création d'écoles de hameau;

Sur les demandes de créations d'emplois d'Instituteur adjoint et d'Institutrice adjointe.

ART. 140. — L'Inspection des Autorités préposées à la surveillance des écoles en vertu des paragraphes 4 et 5 de l'Art. 9 de la Loi du 30 Octobre 1886 portera, dans les écoles publiques, sur l'état des locaux et du matériel, sur l'hygiène et sur la tenue des élèves.

Elle ne pourra jamais porter sur l'enseignement.

Circulaire du 25 Mars 1887.

MONSIEUR LE PRÉFET,

La réorganisation des délégations cantonales, aux termes de l'Article 65 de la Loi du 30 Octobre 1886, doit avoir lieu dans les deux mois qui suivent l'entrée en fonctions des nouveaux Conseils départementaux. Au moment où s'achève dans presque tous les départements la désignation des Délégués cantonaux, j'apprends qu'il s'élève quelques doutes et quelques divergences d'appréciation sur la nature de leurs fonctions, telles que les définissent la loi d'une part, et, de l'autre, le Règlement organique du 18 Janvier dernier. Je crois nécessaire de dissiper, à cet égard, tout malentendu.

La Loi du 30 Octobre règle comme suit, par son Article 52, les attribution des Délégués cantonaux :

....

(Voir plus haut le texte de l'Article 52.)

Ce texte est littéralement le même que celui de l'Article 43 de la Loi de 1850 : le législateur n'a donc pas eu l'intention de rien changer aux usages établis depuis trente ans en cette matière.

A son tour, le Décret du 18 Janvier, rendu en Conseil supérieur, a précisé, dans les articles suivants, les conditions dans lesquelles doivent s'exercer les fonctions des Délégués cantonaux :

....

(Voir plus haut ces articles — 136 à 140).

On m'assure que deux articles de cette réglementation ont inspiré quelque appréhension :

L'Article 138, qui stipule que les Délégués n'ont entrée que dans les écoles que leur a spécialement désignées le Conseil départemental ; l'Article 140, qui rappelle que leur inspection ne porte pas sur l'enseignement.

La première de ces prescriptions a été inspirée par la pensée de laisser, comme par le passé, et désormais sans contestation possible, au Conseil départemental lui-même le droit de faire la répartition du service suivant le système qui lui paraîtra le meilleur. La loi lui réserve expressément le droit de préposer « un ou plusieurs » délégués à toutes les écoles, et, par conséquent, à chaque école. C'est ce droit, dans toute son étendue, que l'Article 138 du décret consacre et précise.

C'est du Conseil départemental que les Délégués cantonaux tiennent toute leur autorité ; c'est au Conseil départemental de décider s'il veut, comme on l'a fait dans certains départements, ouvrir toutes les écoles d'un canton à tous les délégués de ce canton ; s'il préfère comme on l'a fait ailleurs, partager le canton en petites subdivisions confiées, chacune, à un ou à deux délégués. Il y a là une question d'habitudes, de circonstances locales et de convenances personnelles qu'il me semble bon de laisser régler au mieux de l'intérêt scolaire par l'Assemblée départementale. Un règlement formel, qui obligerait à une organisation absolument uniforme, n'aurait d'autre effet que d'entraver des bonnes volontés que l'on ne saurait laisser trop libres.

L'autre question, pour être plus délicate, n'est pas moins facile à résoudre. L'Article 140 n'a pas pour but d'enlever au Délégué cantonal une partie de ses attributions. En réalité, il n'ajoute ni ne retranche rien au rôle dont le Délégué cantonal est investi depuis plus de trente ans. Et pour se convaincre qu'il n'y a rien de changé à cet égard, il suffirait de relire les instructions ministérielles publiées au début même de l'institution, de 1850 à 1855. En voici les passages principaux, qu'il n'est pas sans intérêt de reproduire, ne fût-ce que pour constater la continuité de la tradition :

... « Délégués du Conseil départemental, avec lequel ils peuvent correspondre directement, c'est de ce conseil surtout qu'ils doivent recevoir l'impulsion, c'est de ses pensées qu'ils doivent surtout s'inspirer. Leur mission, qui est toute de confiance, s'étend à tout; mais elle n'est qu'une mission de surveillance, et s'il est à désirer qu'ils multiplient les avis et les remontrances paternelles partout où besoin sera, il est à désirer aussi qu'ils ne compromettent jamais leur autorité, en s'efforçant d'introduire directement dans les écoles, soit des livres, soit des principes d'éducation et d'enseignement dont ils apprécieraient les avantages, mais qui y seraient jusqu'alors inusités. » (Circulaire du 24 Décembre 1850.)

« Ne leur demandez point de juger les méthodes et les livres; demandez-leur si les enfants qui sont admis depuis quelque temps déjà dans les écoles y ont reçu une instruction suffisante, s'ils y sont tenus sainement, s'ils y puisent de bons préceptes et surtout de bons exemples de morale, s'ils y contractent des habitudes de propreté, de politesse et de bienveillance réciproques, en un mot, s'ils sont bien élevés. » (Instruction générale du 31 Octobre 1854.) Et lors même qu'à une certaine époque on demanda au zèle des Délégués cantonaux de participer à une sorte d'enquête générale sur la marche et les résultats de l'enseignement primaire, le Ministre avait soin d'ajouter : « Il ne faut pas perdre de vue qu'en réalité MM. les Délégués n'ont pas mission d'apprécier, de contrôler le mérite relatif des procédés, des méthodes diverses; qu'ils n'ont pas à s'enquérir si les élèves de l'école se rendent compte, par exemple, des principes de la lecture, de l'écriture; mais qu'ils ont seulement à vérifier si les élèves lisent ou écrivent bien ou mal; que c'est, en un mot, pour eux, la simple constatation d'un fait qu'ils ont à consigner. » (Circulaire du 18 Mars 1854.) Et l'année suivante: « Je n'oublie pas que l'on ne saurait réclamer d'eux ces comparaisons de méthodes, ces investigations minutieuses, ces jugements techniques que l'Administration exige des Inspecteurs de l'enseignement primaire,... MM. les Délégués sont, aux yeux de la loi, les représentants de la famille dans l'école. C'est au nom des familles que leur influence morale s'y fait sentir et que leur autorité s'y exerce. .» (Circulaire du 16 Mai 1855.)

C'est précisément, Monsieur le Préfet, dans le même sentiment qu'a été rédigé l'Article 140 du Décret de Janvier dernier. Il n'a d'autre objet que de prévenir une confusion d'attributions qui affaiblirait tous les services scolaires sans en fortifier aucun. Il s'agit, d'établir clairement les relations qui doivent exister entre le Délégué cantonal, l'Inspecteur primaire et l'Instituteur.

Aujourd'hui l'enseignement primaire a sa loi organique; il possède un ensemble de programmes dont les grandes lignes sont inscrites dans la loi elle-même et dont le détail a été réglé par les conseils universitaires légalement chargés de ce soin. L'inspection est partout organisée et partout obligée de suivre de très près les règlements spéciaux qui régissent les écoles publiques. Il est donc moins que jamais nécessaire que le Délégué cantonal intervienne dans les programmes, ait le droit de modifier les exercices scolaires, de se prononcer sur telle méthode, tel procédé, tel livre, tel manuel, d'organiser des concours entre écoles ou des compositions entre élèves.

Le Conseil supérieur n'a rien entendu faire de nouveau en rappelant au Délégué cantonal qu'il n'est pas l'Inspecteur de l'enseignement primaire: on pourrait plutôt l'appeler l'Inspecteur de l'éducation. Le service que la société attend de lui, ce n'est pas de corriger des dictées ou des problèmes, de classer des copies d'élèves ou de mettre à l'épreuve le savoir des maîtres: on l'a chargé d'un office beaucoup moins précis, il est vrai, mais bien autrement délicat et dont l'importance ne peut lui échapper. Il entre dans une classe: lui qui vient du dehors, il est impossible qu'il ne soit pas frappé de certains traits que ni l'Instituteur ni l'Inspecteur ne remarquent plus peut-être.

Plus sûrement que personne, il appréciera la tenue des élèves, l'entrain de la classe, l'ardeur ou l'inertie qui s'y trahit, les habitudes d'attention, d'ordre, de ponctualité, l'affection et la confiance que le maître a su inspirer, l'esprit enfin qui règne à l'école et qui se lit partout, sur les visages et dans les cahiers.

Arrive-t-il inopinément? Ce n'est pas en faisant tout suspendre pour ouvrir une sorte de séance d'apparat qu'il se renseignera le mieux; c'est en demandant aux maîtres de vouloir bien continuer sans rien changer: moins il troublera l'ordre de la classe, mieux il jugera au fond le maître et les élèves. Veut-il prendre part à une interrogation, adresser quelques questions aux élèves? Veut-il examiner les cahiers, les devoirs, les cartes, les dessins? Veut-il surtout, — ce qui est en matière d'enseignement, le plus grand service qu'il puisse rendre et la source d'information par excellence qu'il doit consulter — examiner l'ensemble des *cahiers de devoirs mensuels*, ces cahiers où chaque élève écrit, en quelque sorte à son insu, mois par mois, l'histoire de son éducation, et grâce auxquels on pourra, d'ici à peu d'années, quand

on saura s'en servir couramment, avoir sous les yeux, pour ainsi dire,
l'image vivante de la classe et le tableau irrécusable de ses progrès ?
Tout est à sa disposition, et il fera bien de témoigner qu'il s'intéresse
à tout dans l'école. Qu'il se souvienne seulement que, s'il doit s'efforcer
de tout voir, de tout entendre, de tout observer, ce n'est pas au point
de vue technique de l'homme du métier, mais au point de vue plus
général, celui de la famille et de la société.

Que nos Instituteurs eux-mêmes n'oublient pas que notre enseignement primaire public ne doit pas tendre à s'isoler, à s'enfermer, à se
défendre contre l'incessante intervention de la société, contre les
critiques, les observations, le contrôle du dehors. Aussi, bien loin de
de vouloir restreindre l'action des délégations cantonales, devons-
nous tout faire pour l'encourager et l'étendre. Plus la famille s'intéresse à l'école, plus l'école est sûre de prospérer. L'idéal, en cette
matière, ne serait-il pas que l'école fût, pour ainsi dire, ouverte
perpétuellement aux regards de la famille, et la famille sans cesse
invitée à aider le maître dans sa tâche par un concours effectif et
journalier ?

Mais pour s'aider, il faut, avant tout, éviter de se contredire, et,
pour cela il faut que chacun comprenne bien son rôle et s'y main-
tienne, résistant scrupuleusement à la tentation d'accroître son pres-
tige et d'accepter une part d'autorité qui ne lui est pas dévolue. La
« surveillance » confiée aux Délégués du Conseil départemental et
l' « inspection » confiée aux Inspecteurs spéciaux nommés par le Ministre ne sont pas, ne doivent pas être une seule et même chose.
Voulons-nous que les visites des diverses autorités scolaires fassent
du bien et ne fassent que du bien ? Appliquons-nous à écarter toute
chance de conflit entre ces autorités, toute occasion de désarroi dans
la marche de l'école, tout motif d'inquiétude ou de froissement pour
l'Instituteur.

Comme tous ceux qui se sont occupés d'enseignement, les Délégués
cantonaux savent bien que le véritable ressort de l'école ce n'est pas
le règlement, le programme, le livre, ce n'est pas même l'inspection
ou la surveillance administrative, c'est un homme, c'est l'Instituteur.
Et, pour qu'il remplisse joyeusement sa tâche, il lui faut, avant tout,
le sentiment de sa liberté, de sa responsabilité, de son initiative. Un
peu d'inspection aide et stimule ; trop d'inspection paralyse. C'est
assez d'un supérieur hiérarchique à qui l'Instituteur doit compte de
tous les détails de sa vie professionnelle ; il ne faudrait pas que toutes
les autres autorités instituées par la loi, Préfet, Maire, Conseillers
et Délégués, se transformassent, à ses yeux, en autant d'Inspecteurs
primaires.

C'est cette méprise que le Conseil supérieur a voulu prévenir.
Conformément à une tradition constante, il n'a entendu limiter l'autorité du Délégué cantonal que dans les questions qui touchent aux

méthodes d'enseignement et à la marche réglementaire des exercices de chaque classe. Vous n'aurez aucune peine, j'en suis sûr, Monsieur le Préfet, à expliquer, soit au Conseil départemental, soit à MM les Délégués cantonaux, les dispositions réglementaires qui ne sont destinées qu'à affermir, bien loin de la diminuer en quoi que ce soit, la mission de confiance qu'ils veulent bien accepter comme représentants de la société auprès de l'école et comme patrons de l'école auprès de la société.

Recevez, Monsieur le Préfet, l'assurance de ma considération très distinguée.

Le Ministre de l'Instruction publique et des Beaux-Arts,

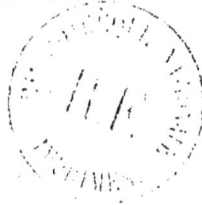

BERTHELOT.

TABLE DES MATIÈRES.

PREMIÈRE PARTIE.

L'Enseignement primaire avant 1870.

DEUXIÈME PARTIE.

L'Enseignement primaire après 1870.

Montpellier, Imprimerie RICARD Frères, Rue Collot, 9. — 1893

www.ingramcontent.com/pod-product-compliance
Lightning Source LLC
Chambersburg PA
CBHW052138090426
42741CB00009B/2138